Werner Frank

Selbst ausbessern, reparieren montieren

Compact Verlag

Alle Anleitungen wurden
sorgfältig erprobt – eine
Haftung kann dennoch
nicht übernommen werden.
Redaktion: Reiner Roos
Umschlaggestaltung: Inga Koch
Printed in Germany
ISBN 3-8174-2237-7

Ein Wort zuvor

Selbermachen – ein Hobby, das heute Millionen zur sinnvollen Freizeitbeschäftigung geworden ist. Ob es sich nun um die gemietete Altbauwohnung oder um die eigenen vier Wände handelt, mit etwas Geschick und einer fachmännischen Anleitung lassen sich oft verblüffende Ergebnisse erzielen: bei kleineren Reparaturen, beim Renovieren und Verschönern und beim Um- und Ausbauen.

Und Selbermachen bringt Spaß, Freude an der eigenen Arbeit, deren Ergebnis man Tag für Tag sehen und »bewundern« kann; es spart Geld, mit dem sich langgehegte Wünsche erfüllen lassen, und es macht unabhängig von Handwerkern, auf die man womöglich wochenlang vergeblich gewartet hat.

Fachgeschäfte, Heimwerker- und Baumärkte versorgen den Hobbyhandwerker mit allen Werkzeugen und Materialien, die er braucht. Doch richtiges Werkzeug und Begeisterung allein reichen nicht aus. Unerläßlich sind eine gründliche Vorbereitung und Fachkenntnisse, wie eine Arbeit durchzuführen und was dabei zu beachten ist.

COMPACT PRAXIS **Selbst ausbessern, reparieren, montieren** zeigt Ihnen, wie man's macht. Mit wertvollen Tips und Tricks, die sich in der Praxis tausendfach bewährt haben. Jeder Arbeitsgang wird ausführlich Schritt für Schritt gezeigt und in Bild und Text erläutert. Übersichtliche Symbole zeigen Ihnen auf einen Blick, mit welchem Schwierigkeitsgrad, welchem Kraft- und Zeitaufwand Sie bei jedem Arbeitsgang rechnen müssen, welche Werkzeuge Sie brauchen und wieviel Geld Sie durch Ihre eigene Arbeit einsparen können.

Werkzeuge

Schwierigkeitsgrad

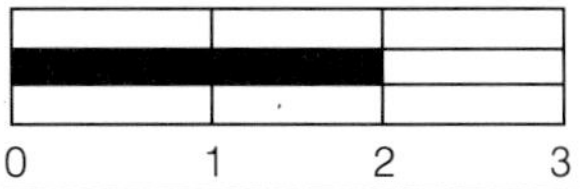

Kraftaufwand

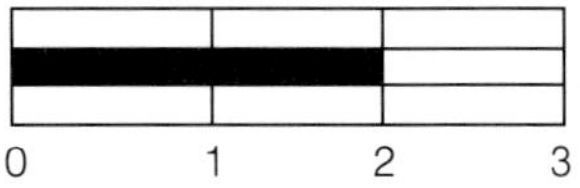

Arbeitszeit (z.B. 4 Std/m²)

Ersparnis (z.B. 25 DM/m²)

Und so stufen Sie sich richtig ein:

Schwierigkeitsgrad 1 – Arbeiten, die auch der Ungeübte ausführen kann. Es ist nur geringes handwerkliches Geschick erforderlich.

Schwierigkeitsgrad 2 – Arbeiten, die einige Übung im Umgang mit Werkzeugen und Material erfordern. Es ist handwerkliches durchschnittliches Geschick notwendig.

Schwierigkeitsgrad 3 – Arbeiten, die fachmännische Übung erfordern. Überdurchschnittliches Geschick ist notwendig.

Kraftaufwand 1 – leichte Arbeit, die jeder bequem erledigen kann.

Kraftaufwand 2 – Arbeiten, die eine gewisse körperliche Kraft voraussetzen.

Kraftaufwand 3 – Arbeiten für kräftige Heimwerker, die keine »Knochenarbeit« scheuen.

Inhaltsverzeichnis

Fachkunde

Materialkunde

Werkzeugkunde

Grundkurse

Inhalt

1

2

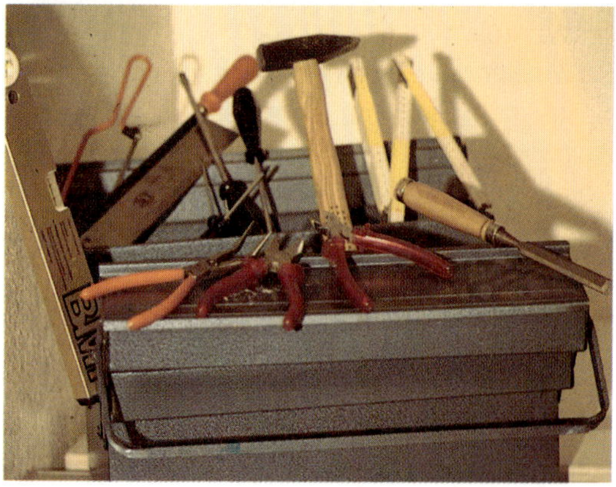

3

Arbeitsraum und Werkzeuggrundausrüstung

Um Reparaturen, Montagen und Ausbesserungsarbeiten optimal und sicher ausführen zu können, ist außer Geschick und Fachwissen ein geeigneter Arbeitsplatz Voraussetzung!

1. Der hierfür geeignetste Raum ist natürlich eine »Heimwerkerwerkstatt« mit Werkbank, Schraubstock, allem möglichem Zubehör und Abstellflächen. Ein Wunsch vieler Heimwerker, aber nur wenige haben diese Möglichkeit, besonders jene nicht, die in einer Großstadt wohnen. Für diejenigen, die nicht zu den Glücklichen zählen, bleibt meist nur die eigene Wohnung als Arbeitsraum. In beiden Fällen müssen aber bestimmte Voraussetzungen für gutes und sicheres Arbeiten geschaffen werden.

Der Arbeitstisch oder die Arbeitsplatte muß entsprechend den auszuführenden Arbeiten stabil und groß genug sein. Außerdem ist für sicheren Stand zu sorgen, um Verletzungsgefahren beim Arbeiten vorzubeugen.

2. Für Leute mit wenig Platz ist eine zusammenklappbare Werkbank, an der ein Schraubstock befestigt werden kann, eine gute Lösung. Zusammenklappbare Werkbänke werden von verschiedenen Herstellern in unterschiedlichen Preislagen angeboten. Stellen Sie Ihren Arbeitstisch möglichst so auf, daß er gut beleuchtet ist und vor Kindern weggeschlossen werden kann. Maschinen, Werkzeuge und Arbeitsmaterialien sind in einem abschließbaren Schrank unterzubringen.

3. Um bei den einzelnen Reparaturen nicht wegen jedem Kleinwerkzeug zum Schrank laufen zu müssen, sollten Sie sich eine Werkzeuggrundausrüstung zusammenstellen, die Sie am besten in einem tragbaren Werkzeugkoffer aus Metall griffbereit aufbewahren.

Die Werkzeuggrundausrüstung

Folgende Werkzeuge gehören unbedingt in den Werkzeugkoffer. Ein mittelschwerer Hammer (400 g), Zollstock, Wasserwaage, ein Satz Schraubenzieher, Beißzange, Hobel, Wasserpumpenzange, Kombizange, Universalmesser, Schere, Spachtel, Metallsäge, Feinsäge, Holzraspel und Metallfeile. Speziell für Elektroarbeiten brauchen Sie: Spannungsprüfer, Seitenschneider, Spitzzange, Quetschzange, isolierte Schlitzschraubenzieher und Abisolierzange. Elektronische Hilfsmaschinen ergänzen die Ausrüstung. Für den Anfang genügt es, wenn Sie sich eine Bohrmaschine und eine Handstichsäge anschaffen. Die Bohrmaschine sollte über eine Schlagbohrvorrichtung verfügen, einen Links-Rechtslauf sowie eine stufenlose Drehzahlregelung und mindestens 600 Watt Ausgangsleistung haben.

4. An Bohrern brauchen Sie einen Satz HSS Spiralbohrer (Ø 1,5 bis 6,5 mm), sie sind für Holz und Metall zu verwenden. Für Mauerwerk, Stein und Beton benötigen Sie einen Satz Steinbohrer mit einem Ø von 4 bis 8 mm.

5. Die Stichsäge sollte ein Schutzfenster am Sägeblatt und mindestens 300 Watt Ausgangsleistung haben. Eine Absaugvorrichtung, um Holzstaub und Sägespäne schon am Gerät absaugen zu können, ist von Vorteil, aber nicht unbedingt notwendig. Ersatzstichsägeblätter (fein, mittel und grob) gehören zum notwendigen Zubehör.

6. Bohrmaschine und Handstichsäge können in speziellen Koffern aus Kunststoff oder Metall sicher transportiert werden. Meist haben diese Koffer ein Extrafach für Zubehör. Ersatzsägeblätter sollten hier aber nur in verpacktem Zustand aufbewahrt werden, um einer Verletzungsgefahr vorzubeugen.

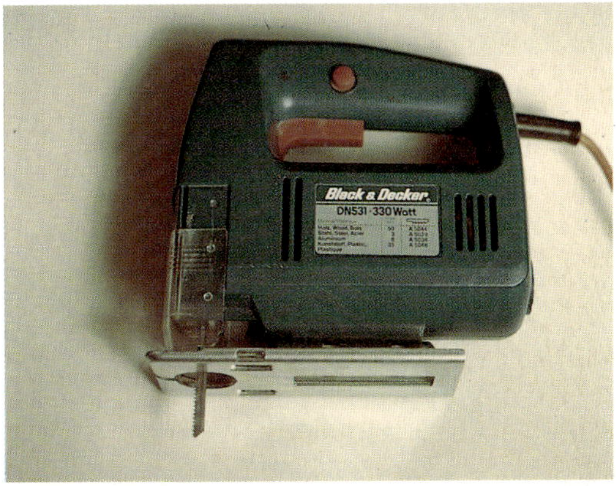

4

5

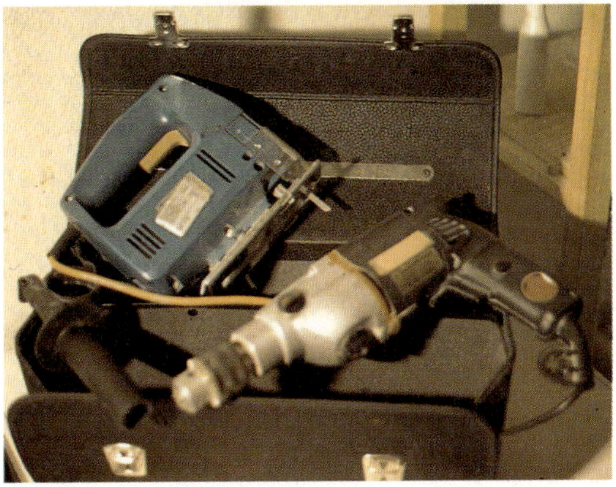

6

1

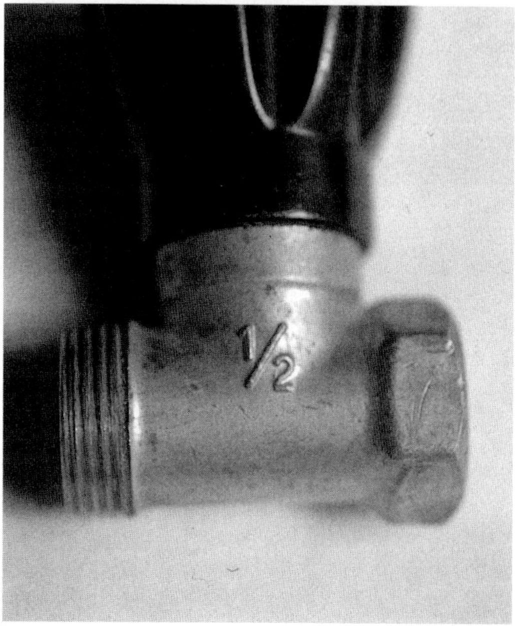

2

Elektrozeichen und Zollmaße

Elektrozeichen

A (Ampere) = elektrische Stromstärke
V (Volt) = elektrische Spannung
W (Watt) = elektrische Leistung

Leitungsfarben von festverlegten Kabeln:
schwarz = Phase (P)
blau = Mittelleiter (N)
grün-gelb = Schutzleiter

Leitungsfarben von flexiblen Kabeln (Litzen):
braun = Phase (P)
blau = Mittelleiter (N)
grün-gelb = Schutzleiter

Diese Leitungsfarben sind in den 70er Jahren bei uns eingeführt worden. An älteren Leitungen sind die Kabel wie folgt gekennzeichnet:
schwarz = Phase
grau = Mittelleiter
rot = Schutzleiter

Die Farben der Kennplättchen an Schmelzsicherungen kennzeichnen folgende Stromstärken:

braun = 4 A	grau = 16 A
grün = 6 A	blau = 20 A
rot = 10 A	gelb = 25 A

Zollmaße

Das Wort Zoll wird mit " abgekürzt und bezieht sich auf den Rohrinnendurchmesser bei Innengewinden und den Rohraußendurchmesser bei Außengewinden (Abb. 2 = 1/2 ").

Die Zollstärken in mm umgerechnet:

1/4 " = 6,350 mm	5/8 " = 15,875 mm
3/8 " = 9,525 mm	3/4 " = 19,050 mm
1/2 " = 12,700 mm	7/8 " = 22,225 mm

1 Zoll entspricht 25,4 mm.

Schrauben, Dübel, Muttern, Nägel und Haken

Holzschrauben mit Senkkopf (S. 10/1): Der Schraubenkopf versenkt sich in das Holz oder wird bündig zur Oberfläche eingeschraubt. **–mit Halbrundkopf** (S. 10/2): Bei eingedrehter Schraube liegt der Schraubenkopf auf dem Werkstück vollständig auf. **– mit Linsenkopf** (S. 10/3): Der Schraubenkopf wird beim Eindrehen in das Material nur bis zur Mitte versenkt, dadurch erreichen Sie eine bessere Druckverteilung bei höherer Anzugskraft. **– mit Sechskantkopf** (S. 10/6): Wird mit einem Schraubenschlüssel festgezogen. Sie ist vor allem bei stabilen und schweren Holzbefestigungen einzusetzen. **Drallhaftschraube mit Senkkopf** (S. 10/4): Ist eine optimale und zeitsparende Befestigungsmöglichkeit beispielsweise von Spanplatten auf Fußböden. Es handelt sich dabei um eine nicht lösbare Holzverbindung, da die Schraube über eine Rückdrehsicherung verfügt. Besonders für Hartholz und Sperrhölzer ist die **Mehrzweckschraube mit Kreuzschlitz** (S. 10/5) geeignet. Sie besteht aus einsatzgehärtetem Stahl und ist gleitbeschichtet. Das Eindrehen auch ohne Vorbohren wird durch eine besonders zentrierte Spitze möglich. Ein weiterer Vorteil ist der geringe Schraubwiderstand beim Eindrehen mit dem Schraubenzieher. **Gewindeschrauben mit Senkkopf** (S. 10/7), **Zylinderkopf** (S. 10/8) und **Sechskantkopf** (S. 10/9) gibt es aus verzinktem Eisen, Messing oder Edelstahl. Sie werden, falls sich kein Gewinde im Werkstück befindet, mit einer passenden Mutter angezogen. Senkkopfschrauben werden für leichte Holz- und Metallverbindungen verwendet, bei denen das zu befestigende Material sehr dünn ist. Bei Zylinder- und Sechkantschrauben ist es empfehlenswert, eine Beilagscheibe unterzulegen. Sie schonen dadurch das Werkstück und erreichen zudem einen höheren Anzugswert. Für leichte und schwere Verbindungen an Holzkonstruktionen sind **Schloßschrauben mit Flachrundkopf** (S. 10/10) bestens geeignet. Durch den Vierkantansatz unterhalb des Rundkopfes wird das Mitdrehen der Schrauben beim Anziehen verhindert. Die **Blechschraube** (S. 10/11), eisenverzinkt oder aus Edelstahl, eignet sich aufgrund ihres selbstschneidenden Gewindes für Verbindungen mit Dünnblechen und ähnlichen Werkstoffen. Es gibt auch eine **spezielle Blechschraube** mit einem Bohransatz (S. 10/12), der sich an der Spitze der Schraube befindet. Leichteres Einschrauben ohne Vorbohren wird dadurch ermöglicht. Zum maschinellen Einschrauben verwendet man spezielle Schraubeinsätze, sogenannte Bits, für **Schlitz-** (S. 10/13) oder **Kreuzschrauben** (S. 10/14). Achten Sie beim Einkauf der Schrauben auf das Material. Schrauben aus Stahl, verzinkt oder vermessingt, sind nur bedingt rostbeständig. Schrauben aus Messing, blank oder verchromt, sind rost- und korrosionsbeständig, haben aber nur bedingte Festigkeitswerte. Schrauben aus Edelstahl sind absolut rostfrei und verfügen über eine hohe Festigkeit.

Dübel sind notwendig, um Schrauben in sprödem Mauerwerk sicher und dauerhaft zu befestigen oder auch um Holzteile miteinander zu verbinden. Zuerst bohren Sie mit der Bohrmaschine ein Loch entsprechend dem Dübelaußendurchmesser in die Wand. Die Bohrtiefe richtet sich danach, ob die Schraube nur in den Dübel gedreht wird (Bohrtiefe = Dübellänge), oder ob die Spitze bei eingedrehter Schraube durch den Dübel gehen soll (Bohrtiefe = Schraubenlänge). Wenn Sie den Dübel in das Bohrloch setzen und die Schraube durch den Gegen-

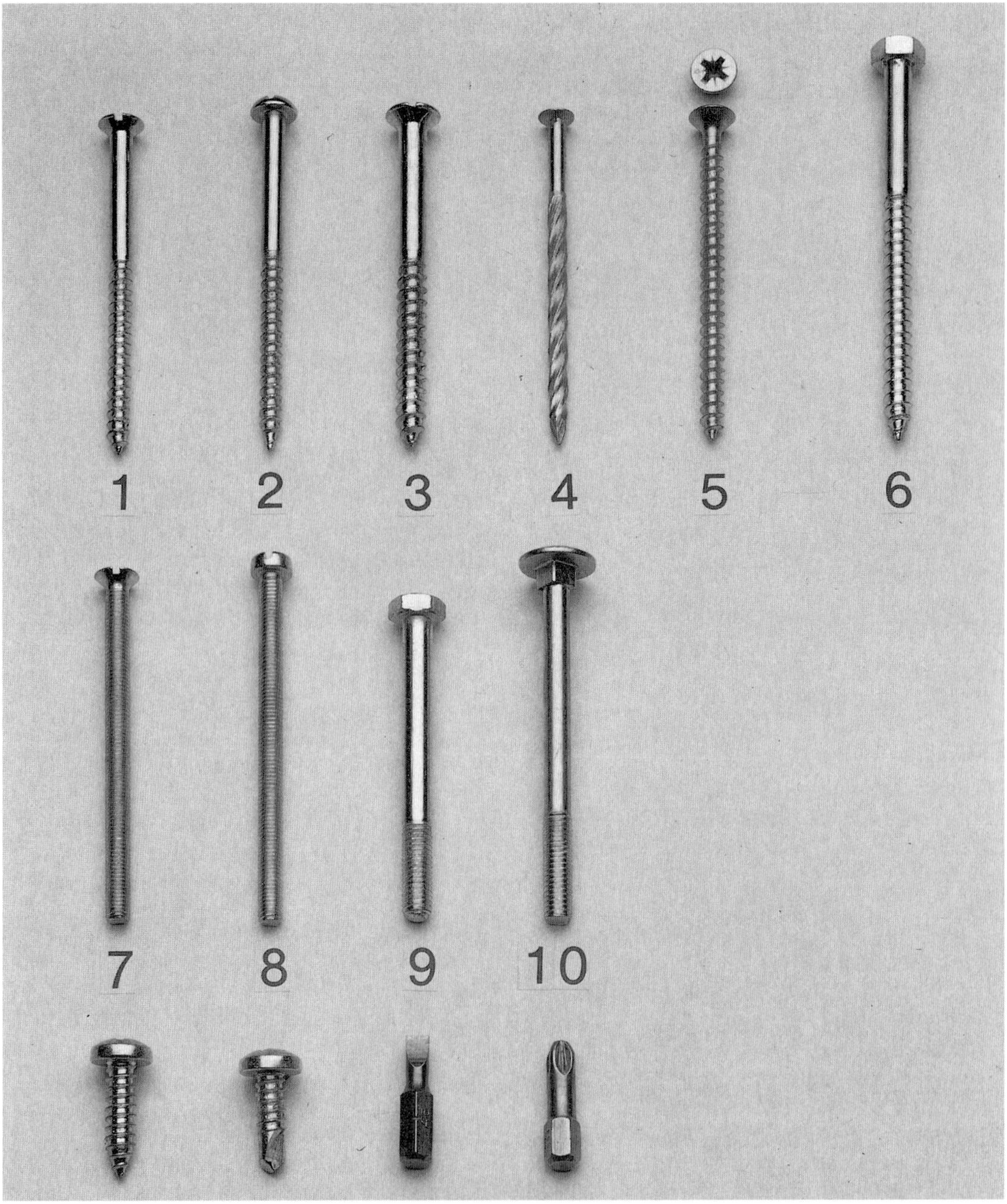
1
2
3
4
5
6
7
8
9
10

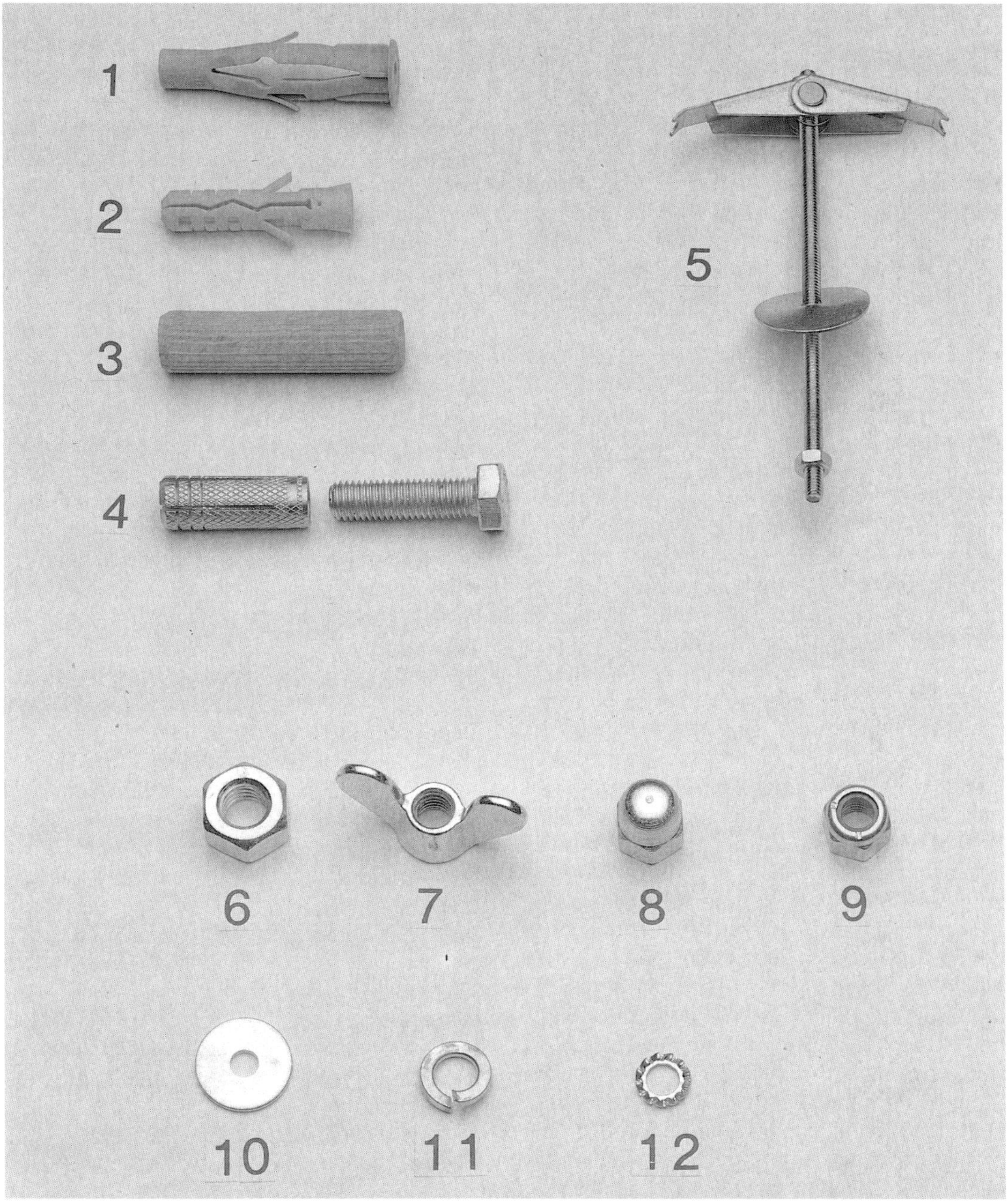
1
2
3
4
5
6
7
8
9
10
11
12

stand in den Dübel drehen, spreizt sich der Dübel und verankert sich mit hohem Druck im Mauerwerk. Es gibt eine große Auswahl an Dübeln und Spezialdübeln. Das Material und die Konstruktion des Dübels richten sich nach seinem Verwendungszweck.

Am vielseitigsten verwendbar ist der **Mehrzweckdübel** (S. 11/1). Er ist in Verbindung mit Holz- oder Spaxschrauben für Montagen in Vollbaustoffen, Böden, Hohlwänden und Hohlsteinen geeignet. **Der Spreizdübel** (S. 11/2) wird zur Durchsteckmontage im Mauerwerk verwendet, das heißt, er wird durch den Wandputz direkt in den jeweiligen Baustoff geschoben, wodurch sich die Belastungskraft erhöht. Den **Riffeldübel aus Holz** (S. 11/3) verwenden Sie für schraublose Verbindungen, beispielsweise von Span- oder Möbelbauplatten. Beim **Messingdübel** (S. 11/4) handelt es sich um einen wiederverwendbaren Spezialdübel für alle Befestigungen mit Gewindeschrauben in Beton und Naturstein. Die Montage ist die gleiche wie beim Spezialdübel. Der **Federklappdübel aus Eisen** (S. 11/5) ist ein Spezialdübel für Befestigungen und Aufhängungen in Hohlräumen und abgehängten Decken. Das Bohrloch muß etwas größer als der Durchmesser des zusammengeklappten Federarms sein. Stecken Sie den Dübel zusammengeklappt durch das Bohrloch, wobei Sie auf genügend Hohlraumtiefe achten müssen. Weit genug eingeschoben spreizen sich die Federarme selbständig, Sie müssen die Befestigungsschraube nur noch auf die gewünschte Länge einstellen (es gibt auch Federklappdübel mit Schraubhaken).

Muttern sind nur für Gewindeschrauben geeignet. Achten Sie darauf, daß die Gewindegröße von Schraube und Mutter absolut gleich ist. Die **Sechskantmutter** (S. 11/6) wird für alle möglichen Verbindungen verwendet und beim Eindrehen mit einem Schraubenschlüssel festgehalten. Die **Flügelmutter** (S. 11/7) eignet sich für schwach belastbare Verbindungen und wird mit der Hand auf die Schraube gedreht. Die **Hutmutter** (S. 11/8) verdeckt im Gegensatz zur Sechskantmutter das Schraubgewinde. Bei der **Sicherungsmutter mit innenliegendem Nylonring** (S. 11/9) wird ein selbständiges Lösen der Mutter von der Schraube durch den Nylonring verhindert.

Unter den **Beilagscheiben** ist die gebräuchlichste die **Karoscheibe** (S. 11/10). Sie wird zum Schutz der Werkstücke untergelegt und verbessert die Druckverteilung der Schraubverbindung. Der **Federring** (S. 11/11) und die **Zahnscheibe** (S. 11/12) dienen zur Sicherung von Schraubverbindungen am Metall.

Gerade Haken (S. 13/1) und **runde Haken** (S. 13/2) werden für Aufhängungen in Holz oder in Verbindung mit einem Dübel im Mauerwerk verwendet. Ein Haken, der besonders stark belastet werden kann, ist der **Stahlwandhaken** (S. 13/3). Er kann aufgrund seiner optimalen Formgebung einfach mit dem Hammer eingeschlagen werden.

Der besonders stabile **runde Stahlhaken** (S. 13/4) ist für Befestigungen vor allem in Beton, Ziegel und anderen harten Untergründen geeignet. Der **Flachkopfnagel** (S. 13/5) eignet sich für Befestigungen oder Verbindungen in weichem Holz und leichtem Gestein, er ist nur wenig belastbar. Der **Stauchkopfnagel** (S. 13/6) kann aufgrund seiner Kopfform gut in die Holzoberfläche eingeschlagen werden. Der **Stahlnagel mit Linsenkopf** (S. 13/7), gehärtet und gebläut, wird für alle Befestigungen in Beton, Mauerwerk und Harthölzern verwendet. Der **Ankernagel** (S. 13/8) hat aufgrund seines Widerhakengewindes hohe Anzugswerte. Daher ist er für verschraubungslose Befestigung von Holzverbindern geeignet.

Die hier beschriebenen Kleinmaterialien sind nur eine kleine Auswahl aus dem riesigen Sortiment, das es auf dem Markt gibt.

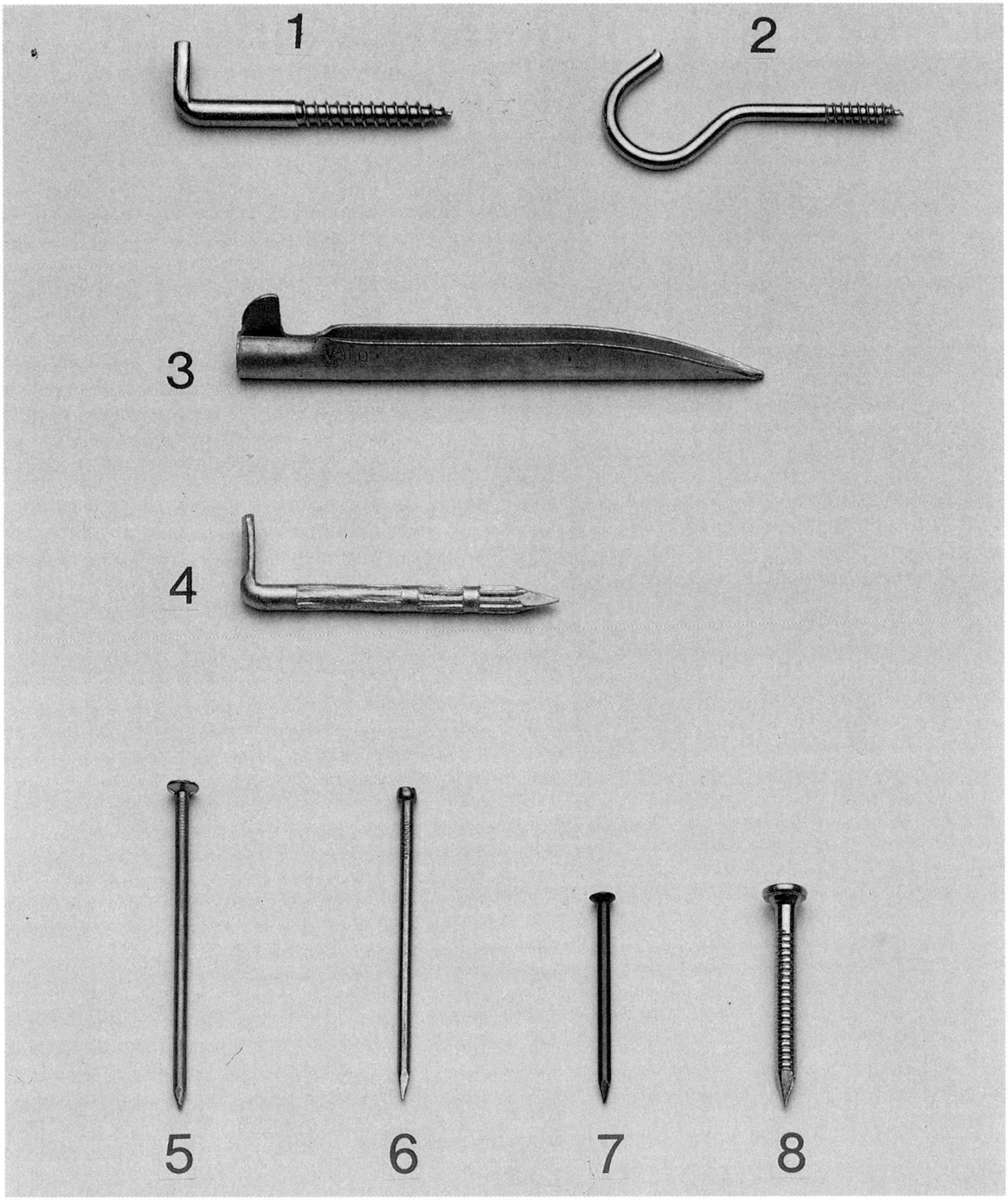
1
2
3
4
5
6
7
8

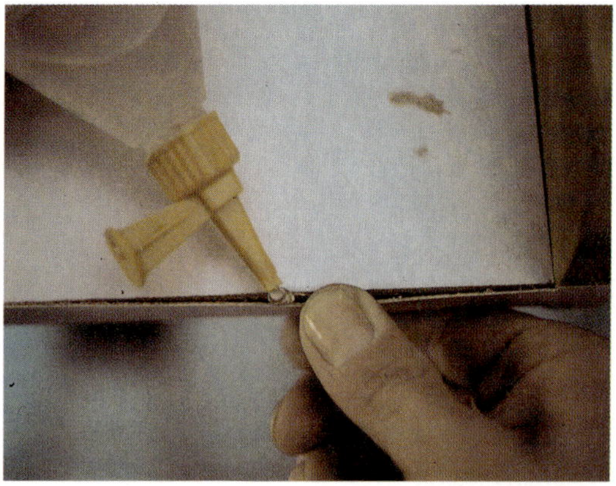
1

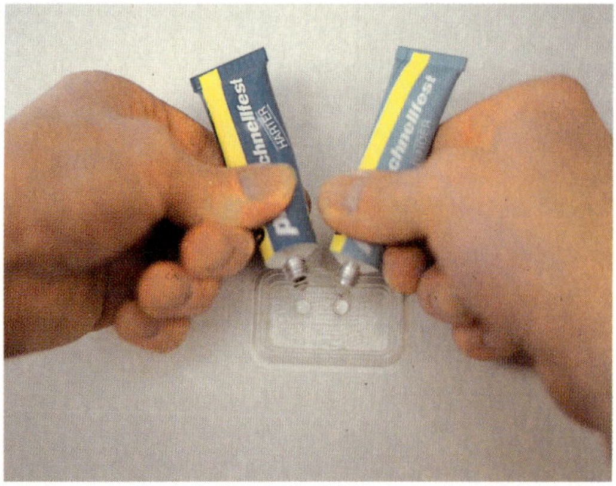
2

3

Klebstoffe

Bei Klebearbeiten an den unterschiedlichsten Materialien stellt sich immer wieder die Frage, welcher Klebstoff am geeignetsten ist. Außer der Haltbarkeit der verbundenen Teile spielt auch die Verträglichkeit mit dem Material eine entscheidende Rolle. Wichtig bei der Verarbeitung: Die Klebeflächen müssen trocken, staub- und fettfrei sein. Stark saugfähige Untergründe oder Materialien müssen vorbehandelt werden. Entweder mit einer speziellen Grundierung oder durch Vorkleben. Hierzu ein paar Beispiele der im Wohnbereich am häufigsten angewandten Klebstoffe.

1. Der **Universalkleber** ist, wie der Begriff »Universal« schon ausdrückt, für fast alle Klebeverbindungen geeignet. Allerdings dürfen die geklebten Teile nicht allzusehr beansprucht werden. Der Universalkleber ist somit ideal für kleine und wenig belastbare Klebestücke aus Pappe, Papier und Leder. Bei diesen Materialien wird der Universal- oder Alleskleber nur einseitig dünn aufgetragen und läßt sich auch einige Zeit nach dem Zusammenfügen der Teile noch korrigieren.

Dabei gilt: Je dicker Sie den Kleber auftragen, desto länger können Sie nachkorrigieren. Bei harten Gegenständen aus Holz oder Metall müssen Sie beide Klebeflächen mit Kleber bestreichen, diese einzeln antrocknen lassen, dann nochmals Kleber auftragen und erst jetzt fest zusammendrücken. Falls möglich, sollten Sie die geklebten Teile stark beschweren oder Schraubzwingen ansetzen. Wichtig: Fast alle gebräuchlichen Kleber sind für Styropor ungeeignet, da sie dieses zersetzen. Achtung! Alleskleber ist erstaunlich leicht entflammbar.

2. – 3. Der **Zweikomponentenkleber** wird zum Verkleben von Metall, Porzellan, Keramik, Holz, Marmor und Gestein, sowie PVC und Gummi angewandt. Der Zweikomponentenkleber besteht aus zwei Substanzen, die in getrennten Tuben abgefüllt sind. In der einen Tube ist ein Bindemittel, in der anderen der Härter. Mischen Sie die zähflüssigen Massen erst kurz vor der Verarbeitung im Verhältnis 1 : 1 mit einem kleinen Plastikstück oder bei größerer Menge mit einem Spachtel zusammen. Die Verarbeitungszeit von Zweikomponentenkleber ist sehr kurz. Es muß daher zügig und sauber geklebt werden. Tragen Sie den Kleber bei Materialien mit rauher Oberfläche zweiseitig und mit glatter Oberfläche einseitig auf. Fügen Sie die Materialien paßgerecht zusammen. Ein Zusammenpressen der geklebten Teile, zum Beispiel durch Anbringen von Schraubzwingen, ist wegen der kurzen Abbindezeit nicht erforderlich. Drücken Sie die Teile jedoch 1 bis 2 Minuten mit den Händen zusammen. Ausgehärtet ist der Kleber je nach Raumtemperatur in wenigen Stunden. Danach können die Teile beansprucht und weiterbearbeitet werden.

Das Trennen der Verklebungen erreichen Sie nur durch längeres Erhitzen auf über 200° C, wodurch die Klebefuge weich wird und sich die Materialteile auseinanderziehen lassen. Allerdings müssen die verwendeten Materialien der hohen Temperatur standhalten.

4. – 5. Holzleim (Weißleim) ist besonders für Holzverklebungen geeignet. Der weiße, milchige Leim wird nach dem Auftragen während des Aushärtens transparent. Außer für die Verleimung verschiedenster Holzarten miteinander, eignet er sich auch zum Kleben von Karton, Filz, Textilien, Leder und Rauhfasertapeten. Weißleim ist in der Regel mit Wasser verdünnbar und läßt sich leicht verstreichen. Bei stark saugen-

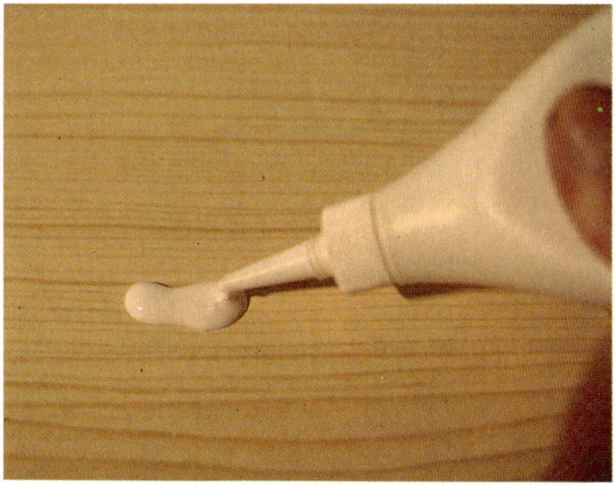

4

5

Materialkunde

den Materialien müssen Sie beide Klebeflächen mit Leim bestreichen, ansonsten wird der Kleber nur einseitig dünn aufgetragen. Fügen Sie die Holzteile fest zusammen, solange der Leim noch feucht ist. Anschließend pressen Sie die Teile mit Hilfe von Schraubzwingen mindestens 30 Minuten lang. Legen Sie dabei zwischen Holz und Schraubzwinge einen Holzrest, um Beschädigungen an der Holzoberfläche zu vermeiden. Die Verarbeitungstemperatur des Leims darf nicht unter +4°C liegen.

6. Außer zur Verklebung von Steinzeug, Steingutfliesen und Mosaiken ist der **Fliesenkleber** auch zur Anbringung von Wärmedämm- und Schallschutzplatten sowie Korkdekorplatten geeignet.
Der Untergrund muß jeweils tragfähig, sauber und eben sein. Auf den entsprechend vorbereiteten Untergrund wird der Fliesenkleber mit einem Spachtel aufgetragen und mit einem Zahnglätter durchgekämmt.
An der Oberfläche des aufgetragenen Klebers darf sich keine Haut bilden, das bedeutet, daß Sie je nach Raumtemperatur nicht mehr Kleber, als Sie für 1 qm benötigen, im voraus auftragen sollten. Die Verarbeitungstemperatur des Fliesenklebers darf nicht unter +5°C liegen. Verwendetes Werkzeug muß unbedingt sofort nach Gebrauch mit Wasser gereinigt werden.

7. Das Pulver des **Tapetenkleisters** besteht aus Reis- oder Getreidestärke, der meist Kunstharz beigemischt wurde. Der Tapetenkleister wird je nach Schwere und Beschaffenheit der Tapete mit einer entsprechenden Wassermenge angerührt. Das Mischungsverhältnis können Sie einer Tabelle auf der Kleisterverpackung entnehmen. Setzen Sie den Kleister lieber etwas zu dick als zu dünn an, da Sie ihn später bei Bedarf leicht mit Wasser verdünnen können. Zum Ansetzen des Kleisters wird das Kleisterpulver langsam in kaltes Wasser eingerührt. Lassen Sie den Kleister etwa 30 Minuten stehen, damit er aufquellen kann. Anschließend wird er kräftig durchgerührt und ist dann gebrauchsfertig.
Für sehr schwere Tapeten wie zum Beispiel Struktur-Vinylschaumtapeten wird dem angerührten Kleister 20 Prozent Dispersionskleber zugemischt. Der Untergrund, auf den der Tapetenkleber aufgetragen wird, muß von allen Leim- und Farbanstrichen sowie Tapetenresten gereinigt sein.

8. Der natürliche **Fensterkitt** besteht aus Schlämmkreide und Leinöl. Er ist im Fachhandel meist gelblich oder bräunlich gefärbt erhältlich, wobei die Farben beim Aushärten des Kitts noch etwas aufhellen.
Für die Verarbeitung muß der Fensterkitt geschmeidig und weich sein, was Sie durch Kneten des Kitts in der Hand erreichen. Heutzutage wird zum Abdichten und Verkleben von Fenstern meist Kunststoffensterkitt verwendet, der in Plastikkartuschen abgepackt ist, für die Sie allerdings eine Kittspritze benötigen.
Silicon wird zum Abdichten und Verkleben von Glas und Keramik eingesetzt, wenn eine dauerelastische Klebefuge gewünscht wird. Die Siliconmasse wird für größere Montagen ebenfalls in Plastikkartuschen angeboten, für kleinere Montagen aber auch in Tuben mit etwa 85 ml Inhalt. Die Klebestellen müssen trocken und unbedingt staub- und fettfrei sein. Beim Verkleben wird das Silicon einseitig dünn aufgetragen, und die zu verklebenden Teile werden dabei leicht zusammengedrückt. Sollte sich etwas Silicon aus der Fuge herausdrücken, heben Sie es mit einem Spachtel ab und glätten die Fuge anschließend mit Seifenwasser.
Sie sollen den Arbeitsraum während den Arbeiten mit Silicon gut lüften, da Silicon übelriechend und schleimhautreizend ist. Vermeiden Sie, daß Silicon auf Kleidungsstücke kommt, da es selbst in unausgehärtetem Zustand nur schwer, mit viel Seifenwasser zu entfernen ist.

6

Spezialkleister
1:20 + 20%
Dispersionskleber
Glutolin
77
Spezial-Kleister
für schwere Tapeten

7

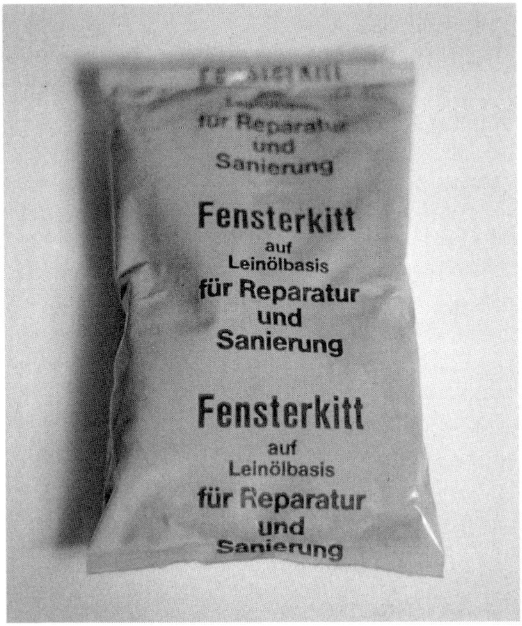
und
Sanierung
Fensterkitt
auf
Leinölbasis
für Reparatur
und
Sanierung
Fensterkitt
auf
Leinölbasis
für Reparatur
und
Sanierung

8

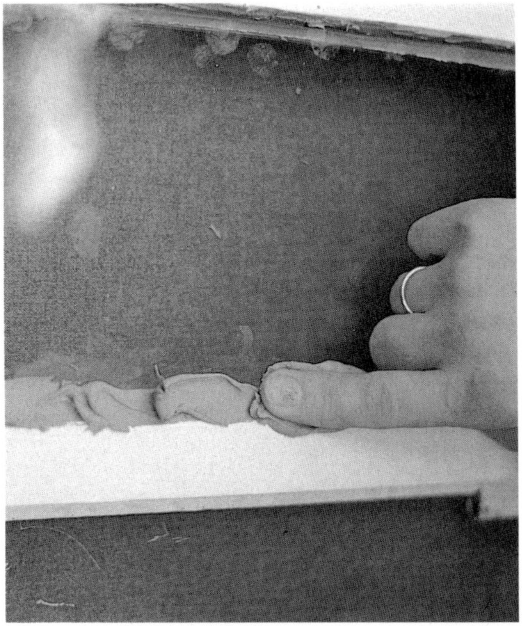

9

1

2

3

Schmierstoffe und ihre Verwendungsmöglichkeiten

1. Universalöl ist ein Leichtschmieröl für Fahrräder, Nähmaschinen, Schlösser und ähnliches. Beim Ölen bildet sich ein dünner Film, der eine direkte Reibung zweier Metalle verhindert, wodurch eine leichte und geräuschfreie Bewegung erreicht wird. Wichtig ist, daß das Öl säurefrei, nicht verharzend und rostschützend ist. Befreien Sie vor dem Ölen die zu ölenden Stellen von Schmutz und Altölresten. Geben Sie jetzt auf die betreffende Stelle ein paar Tropfen und testen Sie die Gängigkeit des Stücks. Falls nötig, tragen Sie nochmals Öl auf. Universalöl ist nicht besonders wärmebeständig und für schwertragende Teile wie Türen oder Fenster schlechter geeignet.

2. Fette haben zwei grundsätzliche Unterschiede zum Öl. Sie sind hitzebeständiger (Armaturenhahnfett bei Dauerbelastung bis 180°), und der Schmierfilm ist dicker. Verwenden Sie nur hochwertige Fette. Margarine oder Butter gehören in die Küche und stellen keinen Ersatz dar. Verwenden Sie Fette zum Schmieren von Türbändern und Türschlössern.

3. Graphit-Pulver eignet sich besonders dazu, eine leichtere Gängigkeit von Zylinder- und Autoschlössern zu erreichen. Normales oder Mehrzweckfett ist hierfür völlig ungeeignet. Staub oder Schmutz würden sich mit dem im Schließzylinder verbinden, was ein Verkleben und Verdicken des Öls zur Folge hätte. Beachten Sie: Für Zylinder- und Autoschlösser nur Graphit-Pulver verwenden. Graphit-Pulver hat noch den Vorteil, kleine Abnutzungen am Material auszugleichen.

Schnellmörtel und Blitzzement

Es gibt Situationen, in denen die eigentliche Reparatur nur wenige Stunden dauert, aber durch die Trockenzeit des Mörtels erheblich verzögert wird.

Schnellmörtel bietet hier Abhilfe, ist aber relativ teuer. Wenn eine kurze Trockenzeit nicht unbedingt nötig ist, verwenden Sie daher besser einfachen Maurermörtel.

Die Qualität des Schnellmörtels können Sie an der Aushärtungszeit feststellen: je kürzer, desto besser. Verwenden Sie Schnellmörtel überall dort, wo die Reparaturstelle schon nach kurzer Zeit belastet werden soll. Besonders bei Kabelverlegungen in der Wand ist er durch die kurze Aushärtungszeit beliebt. Anstatt mit Nägeln, die sich leicht lösen können, wird Schnellmörtel zur provisorischen Befestigung unter Putz verlegter Elektroleitungen verwendet.

1. – 3. Bevor Sie nun mit dem Ansetzen des Schnellmörtels beginnen, überlegen Sie sich genau, an welchen Stellen er aufgetragen werden soll. Ist er einmal angerührt, bleibt für Überlegungen keine Zeit mehr. Der Untergrund muß fest und sauber sein, es darf nichts abblättern. Geben Sie eine entsprechende Menge Mörtel in einen Gipsbecher. Gießen Sie nach Angaben der Mischungstabelle des Herstellers Wasser dazu und mischen Sie das Ganze mit einem kleinen Spachtel schnell und gründlich durch. Ab jetzt muß es schnell gehen: Mörtel auftragen, zurechtdrücken und glätten in einem Arbeitsgang. Mit einem feuchten Pinsel können Sie die Oberfläche nachschleifen, vorausgesetzt, der Mörtel ist noch nicht zu hart.

1

2

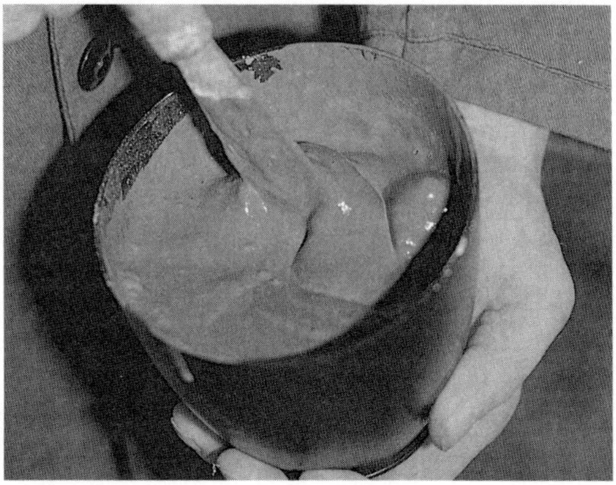

3

1

2

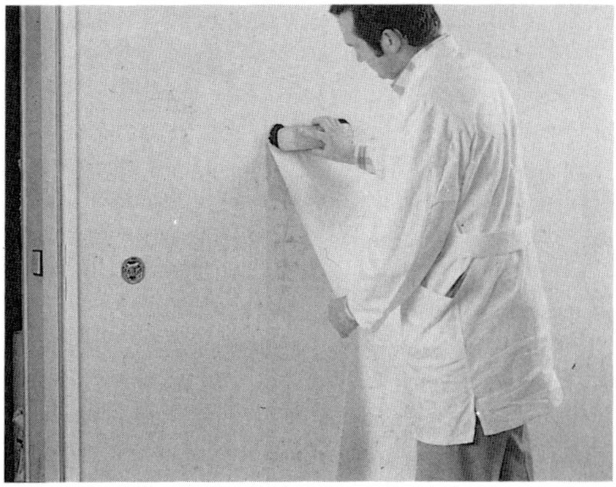
3

Vorbereitungsmaterialien für Wand- und Deckenarbeiten

1. – 3. Makulatur wird zum Grundieren der Wand oder Decke verwendet. Dies ist notwendig, wenn die Beschaffenheit der Wand so ist, daß die Tapete nicht hält, wie es besonders bei staubigen, sandigen Wänden der Fall ist. Wände oder Decken werden auch dann mit Feinmakulatur bestrichen, wenn Bestandteile des Putzes (zum Beispiel Kalk) die Farben feiner Tapeten in Mitleidenschaft ziehen würden. Diese wird entsprechend der Mischungsangabe des Herstellers in einem Eimer mit Leitungswasser angerührt. Mit einem Pinsel oder einer Farbrolle wird die Masse dünn auf den Putz aufgetragen. Die makulierten Flächen können nach einer kurzen Trockenzeit sofort tapeziert werden. Sie können zur Grundierung auch Rollenmakulatur verwenden. Sie schafft einen gleichmäßigen und optimal saugenden Untergrund. Rollenmakulatur wird gestoßen aufgeklebt, der Profi mischt dem Tapetenkleister etwa 10 Prozent Dispersionskleber hinzu.

Wandspachtelmasse wird je nach benötigter Menge in einem Gipsbecher oder in einem Eimer angesetzt. Angerührt wird die Masse zu zwei Teilen Spachtelpulver und einem Teil Wasser. Die Verarbeitungszeit beträgt je nach angerührter Menge 15 Minuten bis zu etwa einer Stunde. Hauptsächlich wird die Spachtelmasse zum Ausfüllen von kleinen Löchern in der Wand eingesetzt. Sie kann aber auch großflächig mit einer Glättkelle aufgetragen werden. Durch Zugabe von Weißleim in die angerührte Spachtelmasse verwendet man sie zum Ausbessern kleinerer Holzschäden.

Wissenswertes über Tapeten

Bei der Auswahl Ihrer Tapete gehen Sie natürlich erst einmal von Ihrem eigenen persönlichen Geschmack aus.
Dabei werden Sie zunächst auf Farbe und Muster Wert legen. Es ist aber auch wichtig, auf Material- und Qualitätsunterschiede zu achten.

Qualitätsmerkmale

Das Grundmaterial der Tapete ist Papier. Auch bei Vinyl-, Struktur-Vinyl-, Textil- oder Korktapeten ist das Trägermaterial Papier.
Man kann bei der Qualitätsprüfung von folgender Faustregel ausgehen: Je dünner und damit auch leichter das Tapetenpapier ist, desto minderwertiger ist die Qualität der Tapete. Ein weiteres Merkmal ist die Farbechtheit der Tapete. Um diese festzustellen, müssen Sie kein Farbenfachmann sein, Sie können sich auch hierbei nach der Qualität des Papiers richten. Je besser die Papierqualität ist, desto bessere Farben wurden bei der Herstellung verwendet, und das ist entscheidend für deren Einsatzbereich in der Wohnung.
Tapeten, die **100 Prozent waschbeständig** sind, können mit einem nassen Schwamm oder einer Bürste unter Zuhilfenahme von Wasch- oder Spülmittel gereinigt werden.
Waschbeständig allein bedeutet, daß Sie zur Reinigung der Tapete nur Wasser und einen Schwamm verwenden können.
Wasserfeste Tapeten, so gut der Name klingt, lassen sich lediglich mit einem feuchten Tuch abtupfen.
Qualitativ hochwertige Tapeten sind lichtbeständig, das heißt, sie vergilben auch bei starkem Lichteinfluß nicht. Praktisch sind spaltbare Tapeten. Hier müssen Sie beim »Tapetenwechsel« nicht die ganze Tapete entfernen. Egal, ob mit oder ohne Anstrich, die Oberfläche der Tapete kann ohne Tapetenablöser abgezogen werden. Das Makulaturpapier bleibt fest an der Wand und ist somit ein idealer Untergrund für die neue Tapete.
1. Bei der Herstellung von **Rauhfasertapeten** werden der Grundfarbe feine Holzteilchen zugemischt, wodurch eine rauhe Oberfläche entsteht. Bei ganz dünnen Rauhfasertapeten wird anstelle der Holzteilchen Sägemehl beigemischt.
Rauhfasertapeten gibt es in den Strukturen fein, mittel, grob und extra grob. Die Tapete wird gestoßen tapeziert, das heißt, die Tapetenkanten werden nicht übereinander, sondern gegeneinander geklebt.
Nach einer Trockenzeit von einem Tag kann die Rauhfasertapete mit Wandfarbe bestrichen werden. Da auch mehrmaliges Überstreichen möglich ist, ist die Rauhfasertapete hervorragend für Räume geeignet, in denen viel geraucht wird. Ein weiterer Vorteil: Rauhfasertapeten sind auch bei sehr guter Qualität noch preiswert.
2. Auf der Oberfläche von **Maschinendrucktapeten** sind verschiedenste Muster aufgedruckt. Die Tapete besteht ganz aus Papier. Aufgrund der übergroßen Anzahl an Motiven kann sie optimal in Abstimmung mit den Vorhängen oder Möbeln des Zimmers ausgesucht werden. So läßt sich zum Beispiel ein Raum, in dem sich antike Möbel befinden, stilecht tapezieren. Durch die Beschaffenheit der Maschinendrucktapete ist sie für ein Überstreichen nicht geeignet. Beim Kauf der Tapete sollten Sie sich bereits vorher überlegt haben, wieviel Arbeit Sie sich beim Tapezieren machen wollen. Beachten Sie hierzu die Symbole auf der Tapete oder dem beiliegenden Hinweisblatt.

1

2

3

Am einfachsten zu tapezieren sind ansatzfreie Tapeten. Hierbei brauchen Sie beim Zuschneiden nicht auf den Verlauf des Musters achten. Bei versetztem oder geradem Ansatz müssen Sie darauf achten, daß das Muster an den Stoßkanten exakt übereinstimmt. Bei sehr großgemusterten Maschinendrucktapeten ist es ratsam, sich für eventuelle Reparaturen einen Tapetenrest (am besten eine ganze Wandlänge) aufzuheben.

Für spätere Reparaturen an diesen Tapeten muß ein genau gleiches Teil vorhanden sein, weil sonst die Reparaturstelle zu stark auffallen würde.

3. Vinyl-Strukturtapeten haben viele Vorzüge. In den meisten Fällen sind sie 100 Prozent waschbeständig, also leicht zu reinigen. Sie können im Bad oder WC an Stelle von Fliesen angebracht werden, und zwar mit dem Vorteil, daß sie atmungsaktiv und wärmeisolierend sind. Außerdem lassen sie sich in der Regel, wenn gewünscht, mit handelsüblicher Disperions- oder Latexfarbe überstreichen.

Der Hauptgrund dafür, warum Vinyl-Strukturtapeten immer häufiger in Wohnräumen verwendet werden, ist ihre ruhige, warme und gemütliche Ausstrahlung.

Zum Verkleben wird Spezialtapetenkleister verwendet, da es sich hier um eine sehr schwere Tapete handelt. Es darf auf keinen Fall Streichmakulatur verwendet werden. Häufig sind diese Tapeten spaltbar.

Tip: Wählen Sie die Muster- oder Strukturgröße passend zur Größe des zu tapezierenden Raumes. In einem kleinen Raum beispielsweise wirken große Muster oder Strukturen drückend, dadurch wird der Raum optisch kleiner, als er wirklich ist.

Tapeten mit längsangeordnetem Muster lassen den Raum wesentlich höher wirken, Querstreifen bewirken eine optische Verbreiterung des Raums.

Holzplatten

Der Heimwerker, der sich nicht über eine schöngemaserte Holzplatte aus Fichte, Kiefer oder Nußbaum freut, muß wahrscheinlich erst noch geboren werden. Beim Anblick einer solchen Holzplatte fallen einem gleich mehrere Dinge ein, die man daraus herstellen möchte. Leider haben **Massivholzplatten** auch große Nachteile. Durch den Einfluß von Temperaturschwankungen und Feuchtigkeit verändert sich das Holz. Es schwindet oder wirft sicht leicht, es arbeitet gleichsam.

1. Weiter können Aststellen durchbrechen oder sich beim Zuschnitt lösen. In Abb. 1 wird deutlich, welche Schäden arbeitendes Holz anrichten kann. Sie sehen hier ein Teilstück einer Zimmerholzdecke, bei der Nut- und Federbretter verwendet wurden. Leider hat der Heimwerker hier nicht bemerkt, daß das Holz bei der Verarbeitung noch feucht war.

Schon nach ein paar Wochen im trockenen, warmen Raum ist das Holz geschwunden, es entstanden häßliche Zwischenräume.

Halten Sie sich das Bild vor Augen, wenn Sie Holz kaufen und denken Sie daran: »Massivholz lebt und arbeitet«. Aus diesem Grund wurden Holzwerkstoffe entwickelt, die viele Eigenschaften des Massivholzes besitzen, aber so gut wie nicht arbeiten.

2. Holzspanplatten werden aus Stammholz und nicht, wie oft fälschlich angenommen, aus Holzabfällen hergestellt. Durch ein besonderes Verfahren wird das Holz maschinell zerspänt und getrocknet. Den getrockneten Holzspänen wird dann ein Bindemittel feinzerstäubt unter-

1

2

3

4

gemischt. Unter Hitzeeinwirkung wird das Gemisch anschließend zu Platten gepreßt. Je feiner die dabei verwendeten Holzspäne sind, desto unwahrscheinlicher ist es auch, daß die fertige Holzspanplatte schwindet, sich wirft oder verzieht.

Auf diese Weise wurde eine Holzplatte ohne Astlöcher und ohne Maserung geschaffen, die leicht zu bearbeiten ist.

Holzspanplatten erhalten Sie mit natürlicher Oberfläche und ein- oder beidseitiger Oberflächenbeschichtung. Zum Beschichten wird meist Kunststoff verwendet.

3. Beim Zuschnitt der Spanplatte entstehen an den Schnittstellen unbeschichtete Seiten. Hierfür gibt es, passend zu vielen Holzarten, Umleimbänder, die auf die Schnittstellen aufgebügelt werden. Unbeschichtete Holzspanplatten lassen sich klar oder farbig lackieren beziehungsweise beizen.

4. Sperrholzplatten bestehen aus mehreren (meistens drei) Holzschichten. Je dicker die Sperrholzplatte ist, desto mehr Schichten wurden verklebt. Dabei wird eine Holzschicht abwechselnd gegen die Faserrichtung der anderen geklebt. So wird eine Quell- oder Schrumpfspannung des Holzes weitgehend verhindert.

Sperrholzplatten werden gerne für Möbelstükke und Wandverkleidungen verwendet, wobei hier die Oberfläche meist mit Echtholzfurnier beschichtet wird.

Sperrholzplatten werden für den Innen- und Außenbereich angeboten. Letztere sind wesentlich teurer, halten aber den Witterungseinflüssen gut stand.

Sperrholzplatten erhalten Sie im Holzhandel in verschiedenen Stärken, von 3 bis 15 mm.

5. Benötigen Sie jedoch stärkere Platten, werden anstatt Sperrholz- **Tischlerplatten** verwendet. Der Aufbau von Tischlerplatten ist ähnlich dem von Sperrholzplatten. Zwischen den bei-

den Deckschichten sind jedoch keine ganzen Holzplatten verleimt, sondern miteinander verklebte Holzstäbchen oder -blöcke. Man unterscheidet daher block- und stäbchenverleimte Tischlerplatten.
Bei blockverleimten Platten sind die Leisten maximal 25 mm breit, die Höhe richtet sich nach der Stärke der Platte.
6. In stäbchenverleimten Platten sind Holzleisten von etwa 5 bis 10 mm Breite verleimt. Qualitativ sind stäbchenverleimte Tischlerplatten eindeutig besser, da sie weniger schwinden oder sich werfen. Sie sind aber um einiges teurer als blockverleimte Tischlerplatten.
Heimwerker, die häufig Holzreparaturen oder Ausbesserungen ausführen, sollten von den hier beschriebenen Holzplatten mindestens zwei auf Vorrat haben.
Besonders wichtig ist dabei die richtige Lagerung der Platten. Hierzu müssen Sie einige Dinge unbedingt beachten. Grundsätzlich wichtig ist, die Holzplatten vor Feuchtigkeit zu schützen. Also keinesfalls im Freien lagern, auch wenn die Lagerstelle überdacht ist. Kellerräume sind meist feucht und daher ebenfalls kein geeigneter Lagerraum.
Optimal ist ein trockener Innenraum oder eine Garage. Dort stellen Sie die Holzplatten senkrecht auf. Die genau senkrechte Aufstellung ist außerordentlich wichtig. Achten Sie dabei besonders auf die erste der an der Wand aufgestellten Platten, da die nachfolgenden sonst immer weiter in Schräglage kommen.
Um die Holzplatten im Stapel besser auseinander halten zu können, schreiben Sie mit einem Bleistift an gut sichtbarer Stelle (beispielsweise an der Schnittkante) die Holzart, die Holzstärke und die noch vorhandene Flächengröße darauf.
Bedenken Sie beim Aneinanderstellen das Gewicht der Holzplatten. Besonders hohe, gestapelte Platten können beim Umfallen gefährlich werden.

5

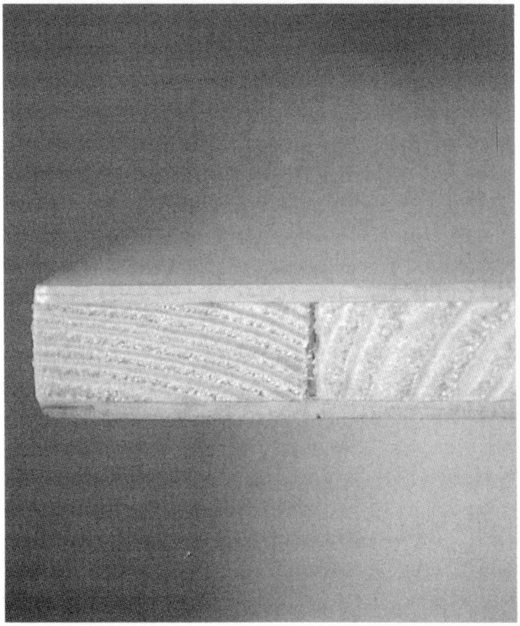

6

Die wichtigsten Werkzeuge

Auf diesen beiden Seiten finden Sie Kurzbeschreibungen der wichtigsten Werkzeuge, die Sie für Reparaturen, Montagen und Ausbesserungsarbeiten benötigen. Welche Werkzeuge Sie für einzelne Arbeitsgänge und -anleitungen brauchen, ersehen Sie aus den Abbildungen unter der Rubrik »Werkzeugkunde«, die Sie bei allen Arbeitsanleitungen finden.

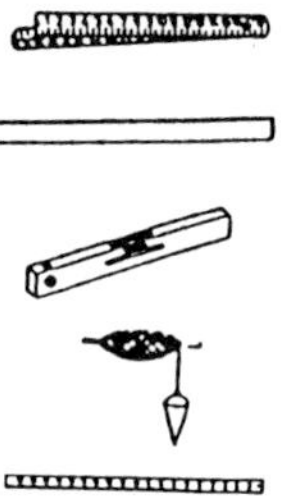

1 2 3 4 5

1. **Zollstock:** Universalwerkzeug zum Ausmessen.
2. **Richtscheit:** Zum Ausgleichen von Bodenunebenheiten in Verbindung mit einer Wasserwaage.
3. **Wasserwaage:** Mit ihr können Sie waagerechtes und senkrechtes Einmessen vornehmen.
4. **Senklot:** Für genaues Ausrichten z.B. beim Fliesenverlegen oder beim Tapezieren der ersten Bahn.
5. **Stahllineal:** Geeignet für das Abmessen eines PVC-Belages.

Werkzeuge zum Sägen und Schneiden

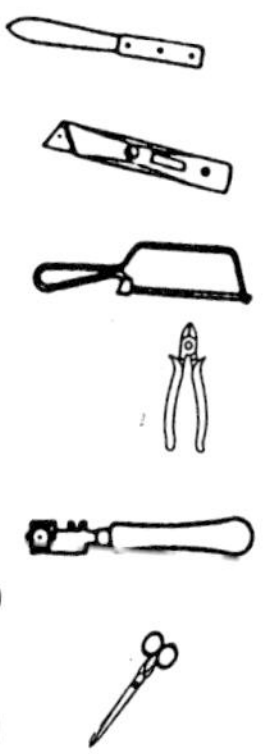

6 7 8 9 10 11

6. **Messer:** Für die meisten Schneidearbeiten geeignet.
7. **Teppichbodenmesser (Cuttermesser):** Zum Schneiden von Teppichen, PVC-Belägen, Folien, Dämmaterial etc.
8. **Metallsäge:** Dieses Spezialwerkzeug wird verwendet zum Schneiden von Metall- und Kunststoffteilen.
9. **Seitenschneider:** Zum Abzicken von Drähten und Isolierungen.
10. **Glasschneider:** Spezialgerät zum Schneiden von Glas- und Spiegelplatten aller Qualitäten. Er wird in einem Gefäß mit Universalöl aufbewahrt, damit seine Spitze scharf bleibt.
11. **Schere:** Universalwerkzeug, das sicher in jedem Haushalt vorhanden ist.

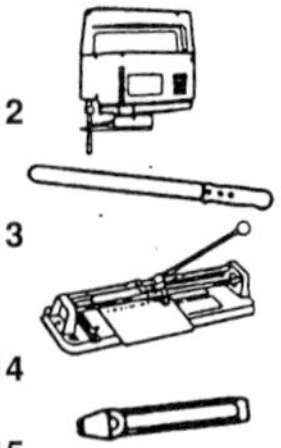

12 13 14 15

12. **Stichsäge:** Elektrische Stichsägen werden zum Ausschneiden von Löchern in Brettern und Platten benutzt.
13. **Tapeziermesser:** Spezialwerkzeug zum Zuschneiden von einzelnen Tapetenbahnen.
14. **Fliesenschneider:** Mit ihm lassen sich Fliesen anritzen und brechen, d.h. paßgenau zuschneiden.
15. **Locheisen:** Mit diesem Werkzeug können z.B. kreisrunde Flächen aus Teppichböden gestanzt werden.

Werkzeuge zum Befestigen

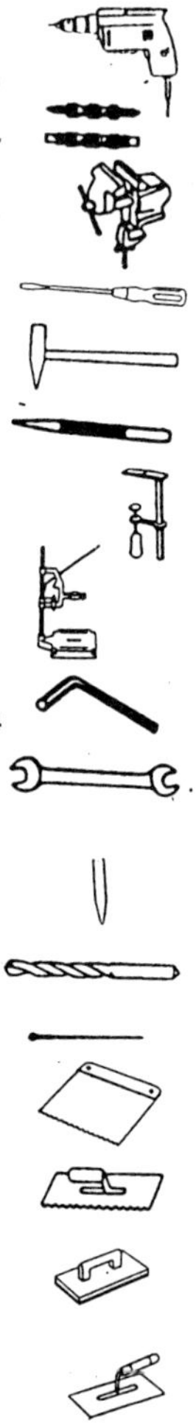

16 17 18 19 20 21 22 23 24 25 26 27 28 29 30 31 32

16. **Elektrobohrmaschine:** Geeignet zum Bohren in verschiedenen Materialien.
17. **Schraubvorsatz (Schrauberbit):** Schraubeinsätze für die Bohrmaschine.
18. **Schraubstock:** Ein massiver Schraubstock ist eine optimale Spann- und Befestigungsmöglichkeit für die Arbeitsstücke.
19. **Schraubenzieher:** Ein Universalwerkzeug in verschiedenen Größen für jeden Heimwerker.
20. **Hammer:** Auch er gehört in die Grundausstattung eines jeden Heimwerkers.
21. **Körner:** Sie dienen zum Kennzeichenen von Bohrstellen.
22. **Schraubzwinge:** Ein unerläßliches Werkzeug zum Einspannen geklebter und verleimter Werkstücke.
23. **Bohrständer:** Mit einem Bohrständer, lassen sich Bohrungen sehr präzise und ohne Kraftaufwand durchführen.
24. **Inbusschlüssel:** Geeignet zum Festschrauben von Türbändern, Haltebolzen und Beschlägen.
25. **Gabelschlüssel:** Sie sind in verschiedenen Größen und als Satz erhältlich. Sie dienen zum Festziehen von Kantschrauben. Ersatzweise ist ein Maulschlüssel geeignet.
26. **Versenkstift:** Hiermit können Sie Nagelköpfe ganz im Holz versenken.
27. **Steinbohrer:** Mit Hartmetellspitzen ausgestattete Bohrer, die in Stein und Beton problemlos Löcher bohren.
28. **Stechnadeln:** Zum Fixieren von kleinen Einzelteilen vielseitig verwendbar.
29. **Zahnspachtel:** Sie eignet sich zum auftragen von Dünnbettmörtel und von Klebern.
30. **Zahnkelle:** Zum Auftragen von Klebern für Fliesen und Fußbodenbeläge.
31. **Reibbrett:**Es wird benötigt, um Fließestrich beim Verlaufen zu unterstützen und zu glätten. Es dient auch dazu, Teppichböden im Kleberbett anzureiben und Mörtelmassen zu glätten.
32. **Stahlglätter:** Er wird verwendet, um aufgetragenen Putz zu glätten.

Werkzeuge zur Oberflächenbehandlung

33 

33. Tapezierbürste: Zum Anreiben und Glätten der Tapete an der Wand.

34 

34. Beizpinsel: Zum Auftragen von Beizen werden spezielle Pinsel verwendet, deren Borsten nicht mit Metall gebunden sind, denn bei Metallkontakt können sich Beizen verfärben.

35 

35. Lackierpinsel: Er eignet soch zum Auftragen von Lacken aller Art. Für saubere Lackflächen brauchen Sie auch qualitativ gute Pinsel.

36 

36. Lasurpinsel: Spezielle Lasurpinsel ermöglichen ein gleichmäßiges Auftragen verschiedener Lasuren.

37 

37. Schwamm: Ein Schwamm ist recht nützlicih zum Egalisieren von überschüssiger Beize auf der Holzoberfläche und zu Säuberungsarbeiten.

38 

38. Nahtroller: Dient zum Andrücken der Stoßkanten von Tapeten. Es gibt ihn aus Hartgummi oder Buchsbaumholz.

39 

39. Maurerkelle: Aus Stahl, dient zur Mörtelverarbeitung

40 

40. Lappen: Zum Säubern und Reinigen verschiedenster Materialien sowie zum Schutz von empfindlichen Chromteilen.

41 

41. Eimer: Unentbehrlich beim Säubern von Abflußrohren. Auch zum Anmachen von Fließestrich, Spachtelmasse usw. zu verwenden.

42 

42. Gipsbecher: Zum Anrühren von Gips und Schnellmörtel sowie für kleine Farbmengen bestens geeignet.

43 

43. Quast: Dieser breite Pinsel eignet sich zum Auftragen von flüssigen Stoffen.

44 

44. Spachtel: Zum Auftragen und Glätten von Spachtelmasse beim Ausgleichen unebener Unterböden oder Wände. Entfernt auch grobe Rückstände von alten Belägen.

45 

45. Gummispachtel: Sie wird verwendet, um Fliesenkleber bzw. Fugenmörtel dosiert aufzutragen und zu verteilen.

46 

46. Drahtbürste: Mit ihr säubern Sie Schweißnähte oder entrosten das Arbeitsmaterial.

47 

47. Hobel: Vielfach verwendbar, sei es zum Ablängen von Brettern oder zum Abschrägen von Tropfkanten.

48 

48. Feilen: Mit Feilen glättet man Werkstückflächen. Grobe Feilen verwenden Sie zum Schruppen, feine zum Schlichten.

49 

49. Holzraspel: Universell verwendbar, vor allem dort, wo der Hobel nur schwer einsetzbar ist, z.B. zum Erweitern von kleinen Holzöffnungen.

50 

50. Stemmeisen: Zum Ausstemmen von Langlöchern und vielen anderen vergleichbaren Arbeiten.

51 

51. Schleifpapier: In den verschiedensten Körnungen ist Schleifpapier wichtig zum Schleifen von Holzoberflächen. Grobschleifen: Körnung 80–120. Feinschleifen: Körnung 150–220.

52 

52. Schleifklotz: Nützlich für großflächige Schleifarbeit auf Holz.

Weitere wichtige Werkzeuge

53 

53. Rohrzange: Dient zum Aufschrauben von Metallrohren. Es sind auch Rohrzangen mit Gummibacken erhältlich.

54 

54. Glasbrechzange: Zum Brechen von angeritzten Glasteilen.

55 

55. Abziehstein: Zum Schärfen stumpfer Schneiden.

56 

56. Beißzange: Sie dient nicht nur zum Ziehen von Nägeln und zum Durchbeißen von Drähten, sie ist auch ein vielseitiges Halte–, Greif- und Spanwerkzeug.

57 

57. Quetschzange: Alle Quetschverbindungen von Kabelschuhen und Steckverbindungen stellen Sie mit der Quetschzange her.

58 

58. Meißel: Er eignet sich zum Entfernen von Mörtelresten auf Unterböden und zum Ausstemmen von Löchern.

59 

59. Arbeitshandschuhe: Sie bewahren Ihre Hände vor Schmutz und vor allem vor scharfen Kanten.

60 

60. Auspreßpistole: Zum Verfüllen von Fugen zwischen Mauerwänden, zum Abdichten von Dehnungsfugen in Bädern und Duschen.

61 

61. Nagler: Erleichtert das Einschlagen von Nägeln.

62 

62. 2-Poliger Spannungsprüfer: Wird zur Spannungs- und Strommessung an elektrischen Teilen verwendet.

63 

63. Phasenprüfer: Um festzustellen, ob eine 220-V-Spannung in Ihrem Gerät oder an der Steckdose anliegt, benötigen Sie einen Spannungs-, auch Strompürfer genannt. Er besteht aus einem Schraubenzieher mit einem integrierten Glimmlämpchen, das aufleuchtet, wenn der Gegenstand unter Spannung steht.

64 

64. Winkelschleifmaschine: Diese Maschine dient zum Trenn- und Planschleifen, zum Verschleifen von Schweißnähten und zum Glätten des Werkstücks.

65 

65. Schutzbrille: Bei Schleif- und Meißelarbeiten ist die Schutzbrille unerläßlich.

66 

66. Abisolierzange: Mit der Abisolierzange entfernen Sie die Kunststoffummantelung von Kabeln, ohne daß diese durchgezwickt werden.

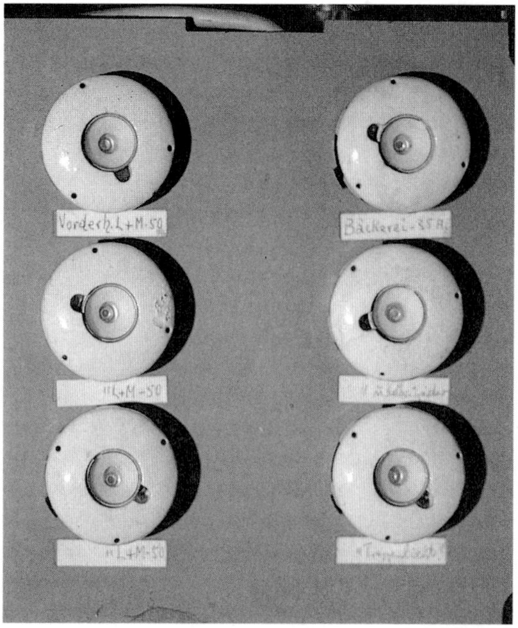

1

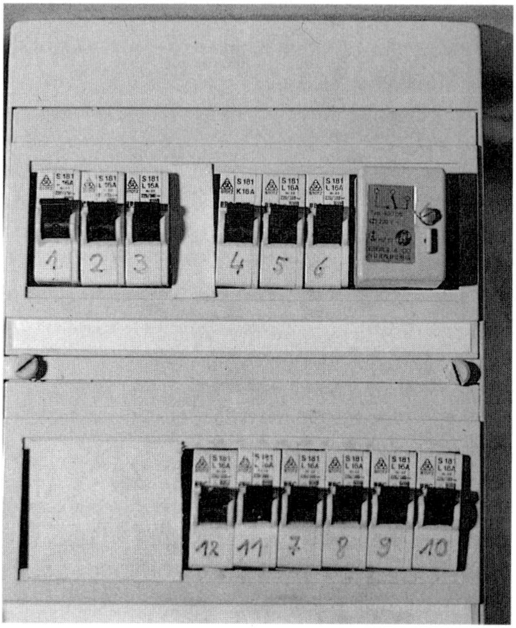

2

Zur Belastbarkeit von Stromkreisen

Wenn im Sicherungskasten eine Sicherung ausgelöst wurde, muß vor dem Wiedereinschalten die Ursache dafür gefunden werden. Häufigste Ursache ist ein Kurzschluß. Ein kurzer, dumpfer Knall, Funkenflug und Rußstellen an der Steckdose sind die äußeren Kennzeichen dafür. Auch bei falsch angeschlossenen Geräten oder Kabeln löst sich die Sicherung sofort aus. Das Auslösen kann auch durch Überlastung der Stromleitung, bei gleichzeitiger Benutzung mehrerer Geräte mit hoher Wattzahl oder durch Neuanschluß eines zusätzlichen Geräts erfolgen. Um festzustellen, wie viele Geräte Sie mit welcher Gesamt-Wattzahl anschließen können, hilft Ihnen folgende Gleichung: Leistung (Watt) = Spannung (Volt) x Stromstärke (Ampere). Ein Beispiel: Sie haben eine 16-Ampere-Sicherung und 220 Volt Spannung. Das bedeutet nach obiger Formel: 16 A x 220 V = 3520 W. Sie können also an den Stromkreis, der durch eine 16-Ampere-Sicherung abgesichert ist, Geräte bis insgesamt 3520 Watt Leistung anschließen. Wird die Gesamtleistung von 3520 Watt überschritten, so ist die 16-Ampere-Sicherung überlastet und löst sich aus.

Achtung! Das Austauschen von schwachen Leistungsschutzschaltern im Sicherungskasten (Abb. 1) gegen stärkere ist verboten und darf nur von einem ausgebildeten Elektriker ausgeführt werden. Bei Schmelzsicherungen (Abb. 2) und Sicherungsautomaten wird das Austauschen einer stärkeren Sicherung als der jeweils zulässigen durch eine Paßschraube im Sicherungskasten verhindert.

Handwerkzeuge reparieren und warten

Am einwandfreien Zustand des Werkzeugs erkennt man den guten Heimwerker. Da sicheres und fachgerechtes Arbeiten nur mit ordentlichem Werkzeug möglich ist, sollten Sie es regelmäßig auf Schäden und Verschleiß untersuchen. Durch rechtzeitiges Reparieren oder Austauschen beschädigter Teile, können Verletzungen problemlos vermieden werden.

Hammerstiel erneuern

An den sonst so robusten Hämmern zeigen sich bei längerem Gebrauch Verschleißerscheinungen in Form von wackeligen Hammerköpfen oder gesplitterten Stielen. Die Verletzungsgefahr ist hier eindeutig.

1. Um den Hammerkopf wieder sicher zu befestigen, müssen Sie zuerst das Holz des Stiels auf Schäden prüfen. Ist es schon so beschädigt wie in Abb. 1, brauchen Sie unbedingt einen neuen Stiel.

2. Spannen Sie den Hammerkopf mit zwischengelegten Hölzern in den Schraubstock ein, und zwar so, daß Sie nun den alten Stiel mit einem Meißel herausschlagen können. Ist das erledigt, lösen Sie den Hammerkopf aus dem Schraubstock und setzen ihn auf den neuen Stiel auf. Der Stiel muß stramm am Kopf sitzen, sollte aber nur so weit eingeschlagen werden, daß er nicht übersteht.

3. Um den Hammerkopf sicher und dauerhaft zu befestigen, müssen Sie einen besonders geformten Eisenkeil von oben so weit in den Stiel treiben, daß er im Holz versenkt ist. Machen Sie nun zum Schluß mit der Hand noch eine kräftige Zugprobe.

1

2

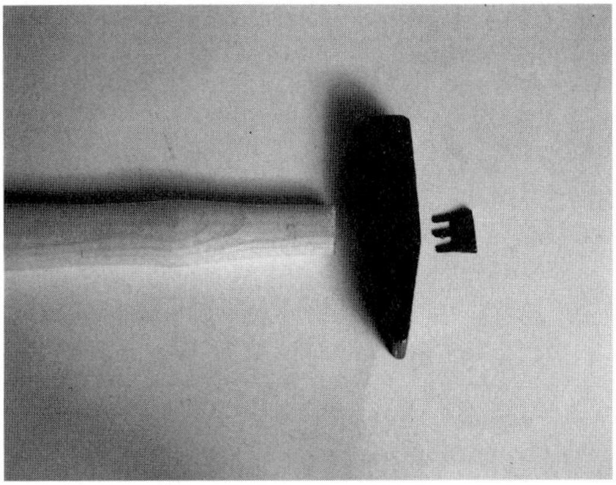

3

4

5

6

Meißelkopf entgraten
Meißel, Körner und Durchtreiber werden an ihren Schlagenden im Laufe der Benutzung durch den härteren Hammer verformt. Es bilden sich sogenannte Bärte, von denen bei der Benützung gefährliche Splitter abspringen können. Soweit sollten Sie es nicht kommen lassen. Kontrollieren Sie den Meißelkopf nach getaner Arbeit. Durch rechtzeitiges Abschleifen wird die Verletzungsgefahr verhindert. Am besten spannen Sie hierzu den Meißel in einen Schraubstock. Achten Sie beim Abschleifen darauf, daß die Aufschlagfläche so groß wie möglich bleibt.

4. – 5. Ist der Bart schon ziemlich groß, sägen Sie das beschädigte Meißelstück ab und feilen anschließend die Ecken und Kanten glatt.

Zangen und Scheren warten
Bei Zangen und Scheren ist es ratsam, sie mindestens zweimal jährlich zu reinigen und zu ölen. Hierzu geben Sie ein paar Tropfen Universal- oder Kriechöl auf die Stellen um den Drehpunkt. Bei Scheren ist es günstig, die Schneideflächen etwas einzuölen und mit einem weichen Lappen abzureiben. Zur Entfernung von Rostflecken eignet sich rostlösendes Kriechöl.

Die Greif- oder Schneideflächen von Zangen müssen von Zeit zu Zeit nachgeschliffen werden. Hierfür gibt es je nach Zangenart unterschiedliche Möglichkeiten. Bei Wasserpumpen–, Rohr- und Kombizangen, bei denen es auf die Greiffähigkeit ihrer Zahnung ankommt, schleifen Sie die Griffflächen mit einer Dreikantfeile nach. Spannen Sie dazu die geöffnete Zange in einen Schraubstock ein. Seitenschneider sowie die Schnittflächen von Kombi- und Elektrozangen werden hingegen mit einem flachen Schleifstein geschliffen. Auch hierbei wird die Zange im Schraubstock festgehalten, während der Schleifstein entsprechend dem Schneidewinkel abgezogen wird. Ziehen Sie ihn von der Schneide in Richtung Zangenrücken.

Stecheisen schleifen

Stecheisen werden mit der Zeit ebenfalls stumpf. Dadurch wird nicht nur das Arbeiten mit dem Werkzeug erschwert, auch das Verletzungsrisiko ist bei stumpfem Werkzeug höher als bei scharfem.

Als erstes gleichen Sie starke Scharten in der Schneide mit einer Flachfeile aus. Feilen Sie nur so viel ab, wie unbedingt notwendig ist. Achten Sie darauf, daß die Schneide gleichmäßig und gerade abgeschliffen wird.

6. – 7. Zum Schärfen benutzen Sie jetzt eine Elektroschleifmaschine mit einer feinen Schleifscheibe. Vergessen Sie nicht die Schutzbrille aufzusetzen. Wichtig beim Schärfen ist der richtige Anlegewinkel des Stecheisens von 25 Grad. Er garantiert, daß die geschliffene Fläche weder eine Wölbung noch eine Vertiefung durch den Schliff erhält. Freihändig werden Sie damit Schwierigkeiten haben. Für solche Zwecke sind an den meisten Schleifmaschinen verstellbare Anlageschlitten vor den Schleifscheiben montiert. Trotz Anlageschlitten benötigen Sie zum perfekten Schleifen vor allem Übung. Achten Sie beim Schleifen vor allem darauf, daß das Werkstück nicht heiß wird, es würde dadurch unbrauchbar werden.

8. Nach dem Schleifen ziehen Sie die Schneide auf einem Ölstein oder auf einem sogenannten »Belgischen Brocken« ab. Verfahren Sie dabei so, daß Sie zuerst die Spiegelseite mit vorsichtigen, kreisenden Schleifbewegungen und dann die Schneide in gleichmäßigen Strichen gegen den Stein abziehen. Ein scharfgeschliffenes Stecheisen dringt leicht in das Holz ein, wodurch sicheres und genaues Arbeiten gewährleistet ist.

In Abb. 9 sehen Sie den Unterschied zwischen stumpf und scharf. Alle scharf geschliffenen Werkzeuge wie Stecheisen und Messer müssen so untergebracht werden, daß Verletzungen ausgeschlossen sind.

7

8

9

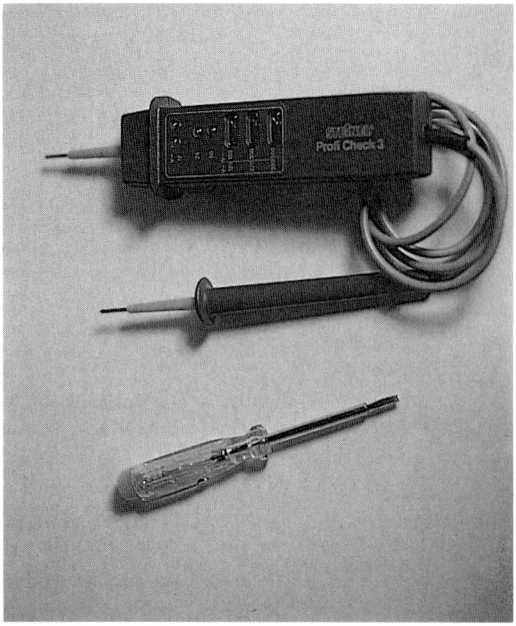

1

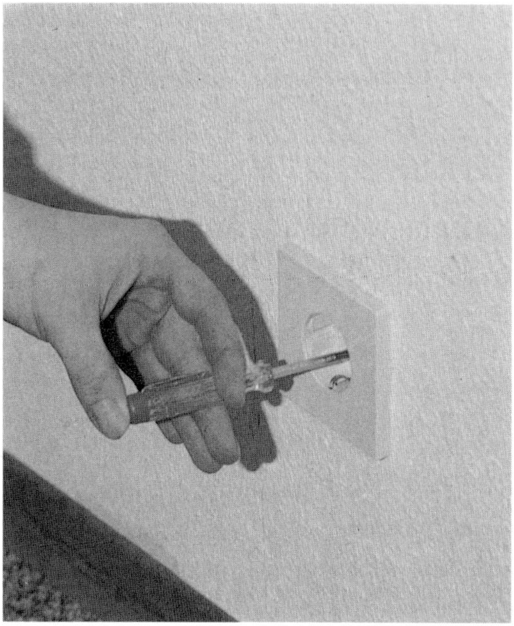

2

Spannungsprüfer richtig angewandt

Kurz gesagt, zeigen Spannungsprüfer an, ob ein Kabel oder eine Steckdose Spannung führt. Die Prüfung kann nur bei eingeschraubter Sicherung ausgeführt werden. Vorsicht! Berühren Sie keine stromführenden Teile, dies ist lebensgefährlich. Nehmen Sie Spannungsprüfungen nur dann vor, wenn keine störenden Personen im Raum sind. Achten Sie besonders darauf, daß Kinder bei der Prüfung nicht zuschauen können, sie erkennen die Gefahr des elektrischen Stroms nicht.

1. Es gibt ein- und zweipolige Spannungsprüfer. Der einpolige Spannungsprüfer ist Ihnen sicher als Phasenprüfer besser bekannt (Abb. 1 unten). Er sollte in keinem Werkzeugkoffer fehlen. Der zweipolige Spannungsprüfer (Abb. 1 oben) sieht zwar sehr kompliziert aus, ist aber in der Anwendung ebenso einfach und sicher.

2. Um die Funktionsfähigkeit des **Phasenprüfers** zu testen, stecken Sie ihn mit der nicht isolierten Spitze in die Kontakte einer Steckdose, bei der Sie sich sicher sind, daß sie stromführend ist. Berühren Sie dabei den am anderen Ende des Phasenprüfers liegenden Kontaktpunkt mit dem Daumen. Leuchtet bei einer der beiden Steckdosenkontakte die Glimmlampe im Phasenprüfer auf, können Sie sich bei weiteren Prüfungen auf die Funktionsfähigkeit des Phasenprüfers verlassen.

Falls die Glimmlampe nicht aufleuchtet, ist der Phasenprüfer defekt und gehört in den Abfall. Hier müssen Sie konsequent sein. Ein defekter Phasenprüfer sollte auch nicht als zweckentfremdetes Hilfsmittel im Werkzeugkasten liegen. Dies könnte bei einer Verwechslung lebensgefährlich sein. Benützen Sie Phasenprüfer nie als »Ersatzschraubenzieher«, da sie dabei leicht beschädigt werden können.

Der **zweipolige Spannungsprüfer** hat gegenüber dem Phasenprüfer einige Vorteile. Es läßt sich damit die Höhe der Spannung ablesen, auch elektrische Geräte mit Kleinspannung lassen sich damit auf Spannung prüfen und ein defekter Null- oder Mittelleiter kann angespürt werden.

3. Gehen wir bei der Anwendung wieder von einer stromführenden Steckdose aus. Zum Messen nehmen Sie je einen der beiden Prüfstäbe in eine Hand. Setzen Sie nun zum Test die beiden nichtisolierten Prüfspitzen (je Steckdosenkontaktloch eine) in die Kontaktlöcher der Steckdose.

4. Die Prüfspitzen dürfen während der Messung nicht berührt werden. Leuchten jetzt eine oder mehrere Glimmlampen am Spannungsprüfer auf, ist Spannung vorhanden. Auch hier gilt: Ist der Spannungsprüfer defekt, darf er nur in ein Elektrofachgeschäft zur Reparatur gegeben werden. Reparaturen an Spannungsprüfern, egal welcher Art, selbst durchzuführen verbietet sich, da dies lebensgefährlich sein kann und die Versicherungen bei Schadensfällen mit selbstreparierten Geräten keine Haftung übernehmen. Also Hände weg davon!

Beim Kauf von Spannungsprüfern, besonders bei zweipoligen, werden Sie unterschiedliche Preisklassen feststellen können. Dazu ist zu sagen, daß es weder besonders gute noch besonders schlechte Ausführungen gibt. Spannungsprüfer, die in Deutschland verkauft werden, müssen alle nach den hierfür geltenden gesetzlichen Bestimmungen geprüft worden sein. Achten Sie deshalb beim Kauf darauf, ob sich auf dem Spannungsprüfer das GS-Zeichen (geprüfte Sicherheit in Verbindung mit TÜV oder VDE) befindet.

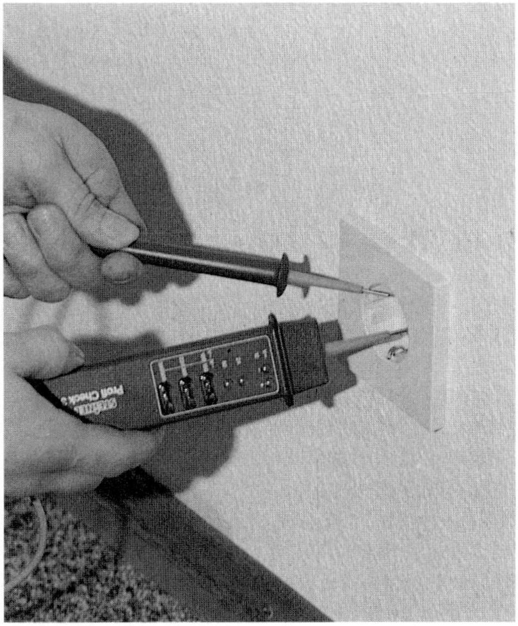

3

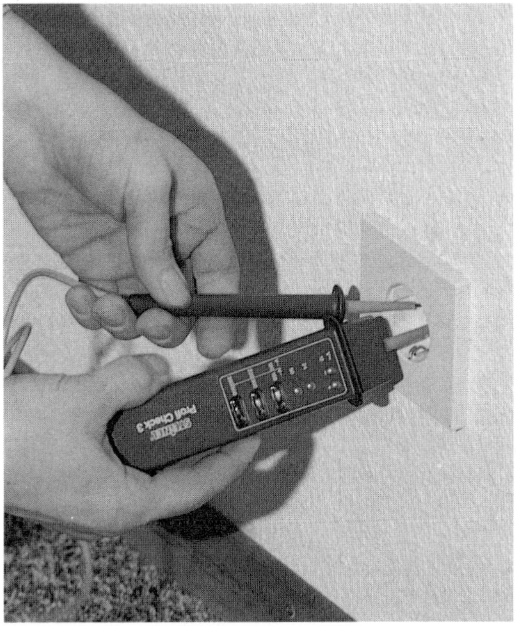

4

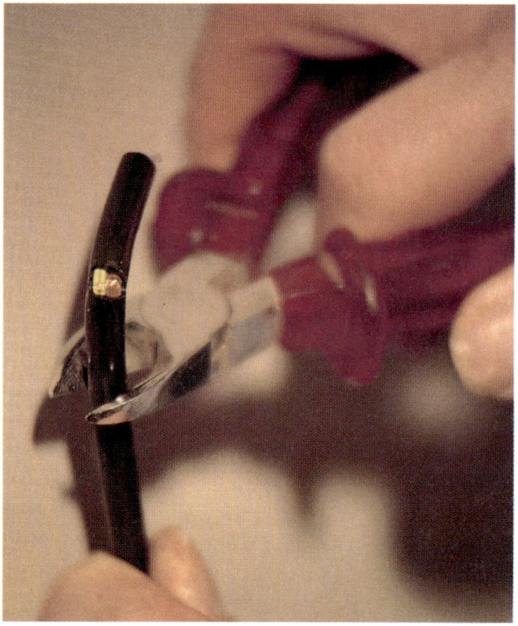

1

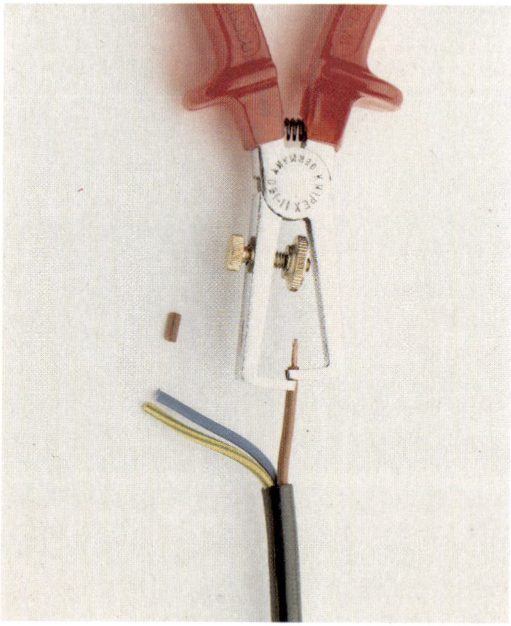

2

Elektrokabel abisolieren

Bevor wir zum eigentlichen Arbeitsvorgang des Abisolierens kommen, ein paar Grundregeln, die Sie zu Ihrer eigenen Sicherheit unbedingt beachten müssen:

a) Nie an Kabeln arbeiten, die unter Strom stehen. Vor dem Arbeiten unbedingt Stecker aus der Steckdose ziehen oder Sicherung herausschrauben und gegen Wiedereinschrauben durch andere sichern.

b) Keine veralteten oder gar beschädigten Kabel verwenden.

c) Falls beim Abisolieren die Kabelisolierung der einzelnen Adern oder des Mantels beschädigt wurden, das gesamte Kabel mit einem Seitenschneider abzwicken und dann von neuem beginnen.

1. Doch nun zum Abisolieren des Elektrokabels. Als erstes entfernen Sie den Mantel (die äußere Kunststoffisolierung des Kabels). Die Länge des zu entfernenden Stücks richtet sich nach der Größe der Anschlußklemmen.

Nehmen Sie ein kleines, scharfes Messer und schneiden Sie den Mantel ringsherum ein. Dabei dürfen Sie die farbige Isolierung der Adern nicht verletzen. Sollte dies dennoch geschehen, müssen Sie das gesamte Kabelstück mit einem Seitenschneider entfernen und von neuem mit dem Abisolierungsvorgang beginnen.

2. Ziehen Sie nun den Isolierungsmantel mit der Hand vom Kabel ab. Von den jetzt freigelegten Adern (Phase schwarz oder braun, Mittelleiter blau, Schutzleiter grün-gelb) entfernen Sie mit einer Abisolierzange vorsichtig etwa 5 mm der Schutzhülle.

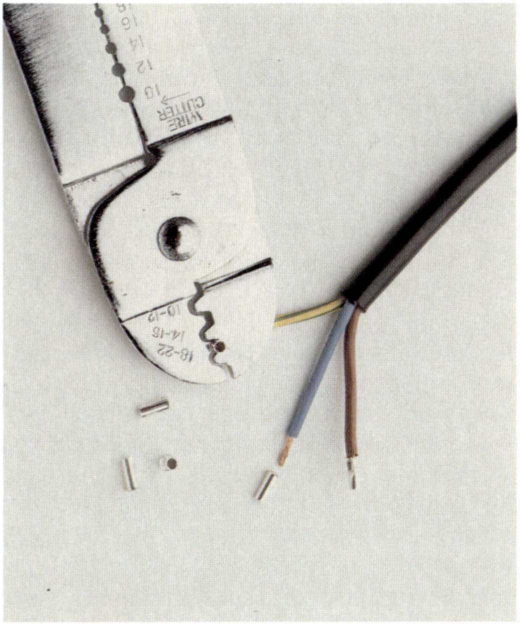

3

3. Auf die dabei sichtbar gewordenen blanken, feinen Drähtchen schieben Sie Adernhülsen, die Sie mit einer Quetschzange zusammendrücken. So bleiben die dünnen Drähtchen beim Anziehen der Kontaktschraube im Gerät gut beisammen.
Falls Sie weder Quetschzange noch passende Hülsen zur Verfügung haben, gibt es noch eine weitere Möglichkeit, die feinen Drähtchen zu verbinden.
Verlöten Sie die Drähtchen je einer Ader mit Lötzinn. Dabei müssen Sie darauf achten, daß Sie durch den heißen Lötkolben weder den Kabelmantel noch die Isolierung der Adern beschädigen.
Dem Verlöten ist die Verwendung von Adernhülsen vorzuziehen! Einwandfreie Kontakte sichern eine problemlose Stromzufuhr des gesamten elektrischen Kreislaufs eines Gerätes.

Störungen an Leuchtstofflampen beheben

Leuchtstofflampen sind wesentlich wirtschaftlicher als Glühlampen, da der Stromverbrauch von Leuchtstofflampen bei gleicher Lichtstärke wesentlich niedriger ist. Am meisten Strom benötigt die Leuchtstofflampe beim Starten. Es ist daher stromsparender, wenn Sie sie zum Beispiel während eines Kurzeinkaufs brennen lassen. Das Lampengehäuse der Leuchtstofflampen ist erheblich komplizierter aufgebaut als das der Glühlampen. Das hat leider auch zur Folge, daß es störungsanfälliger ist. Meist handelt es sich nur um kleine Fehler, die mit ein paar Handgriffen leicht behoben werden können. Wenn die Röhre beim Einschalten nicht aufleuchtet, ist zuerst zu klären, ob sich die Sicherung ausgelöst hat. Ist das der Fall müssen Sie vor dem Wiedereinschalten der Sicherung den Grund des Auslösens gefunden haben und den Schaden in Ordnung bringen. Beispiel: Die Röhrenfassung wurde mit Wasser bespritzt, die Sicherung hat sich ausgelöst. Trocknen Sie die äußeren Stellen mit einem Tuch ab. Um das Innere zu trocknen, könnten Sie einen Fön verwenden. Wenn die Röhre trotz eingeschalteter Sicherung nicht aufleuchtet oder wenn sie flakkert, kann es mehrere Ursachen haben.
Die Röhre ist zu alt, klarer Fall, hier wird sie gegen eine neue ausgetauscht. Dazu müssen Sie die Lampenabdeckung abnehmen. Sie läßt sich meist einfach abziehen. In einigen Fällen müssen Sie schon etwas fester anziehen, jedoch nicht mit Gewalt, sonst könnte die Abdekkung brechen. Jetzt drehen Sie die Röhre in der Lampenfassung, bis sie ausrastet, und tau-

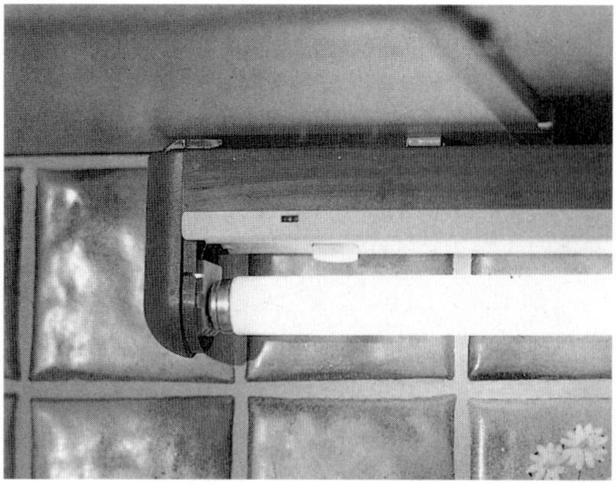

1

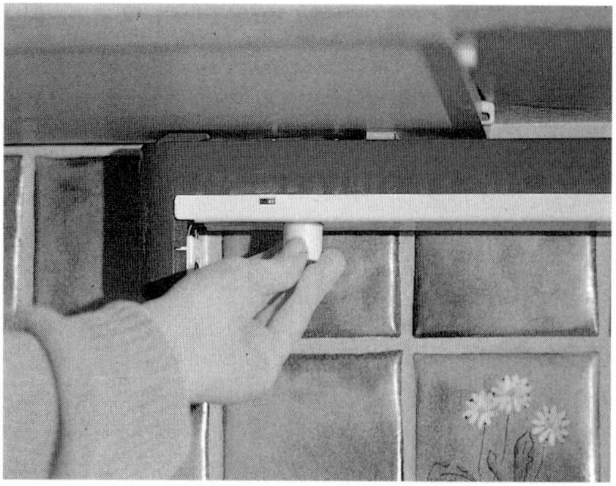

2

3

schen sie gegen eine neue aus. Bevor Sie nun die Lampenabdeckung wieder aufsetzen, testen Sie die Funktion der Röhre durch Betätigen des Betriebsschalters. Sollte die neue Röhre noch etwas flackern, ist das normal und verschwindet in der Regel nach ein paar Betriebsstunden. Flackert die Röhre dann immer noch, prüfen Sie, ob der Kontakt zwischen der Lampenfassung und dem Röhrenstecker ausreichend ist. Drehen Sie dann die Leuchtstoffröhre so lange in der Fassung, bis der Kontakt vorhanden ist. Haben Sie hierbei auch keinen Erfolg, wird der Fehler am defekten Starter liegen. Er kann auch Grund dafür sein, wenn die Röhre nach dem Einschalten nur an den Enden glimmt.

1. Der Starter befindet sich im Gehäuse entweder neben oder unter der Leuchtstoffröhre.

2. Zum Herausnehmen wird er unter leichtem Druck entgegen dem Uhrzeigersinn herausgedreht. Besorgen Sie sich im Elektrofachgeschäft einen neuen Starter.

3. Auf dem Starter finden Sie die Angaben über die Wattzahl, für die er einsetzbar ist. In Leuchtstoffröhren mit einer Länge bis zu 40 cm sind meist Starter mit dem Aufdruck »4 - 20 W« einzusetzen, ab 40 cm Röhrenlänge Starter mit der Aufschrift »4 - 80 W«. Es ist wichtig, daß Sie sich an diese Angaben halten, da ein neuer Starter mit falscher Wattzahl die Röhre nicht zum Aufleuchten bringt. Der passende Starter wird nun wiederum unter leichtem Druck mit etwa einer viertel Drehung im Uhrzeigersinn in das Gehäuse eingesetzt. Alterserscheinungen der Röhren machen sich durch mehr oder weniger starke Schwärzungen an den Röhrenenden bemerkbar. Bei starker Schwärzung hält sie allerdings nur noch wenige Betriebstage. Das sollten Sie besonders dann bedenken, wenn Sie in einer Leuchtstofflampe mit mehreren Röhren eine ausgebrannte auswechseln. Hier können Sie an den Enden stark geschwärzte Röhren gleich mit auswechseln.

Richtig bohren mit der Bohrmaschine

Beim Bohren kommt es zunächst auf das zu bearbeitende Material und auf den hierfür geeigneten Bohrer an. So werden beispielsweise für Bohrungen in Holz, Metall und Kunststoff hochwertige Stahlspiralbohrer verwendet. Wichtig ist, daß die Bohrer scharf sind, da stumpfe Bohrer zu keinem befriedigenden Ergebnis führen und außerdem schnell heiß werden, wodurch der Bohrer unbrauchbar wird.
Am besten verwenden Sie Hochleistungs-Schnellstahl-Bohrer (HSS Bohrer). Diese sind zwar teurer als Bohrer aus Werkzeugstahl (WS Bohrer) oder Schnellstahl (SS Bohrer), dafür bleiben Sie auch länger scharf. Abgenützte Bohrer können auch mit einer Schleifmaschine nachgeschliffen werden, was aber nicht ganz einfach ist und einige Erfahrung im Umgang mit der Schleifmaschine voraussetzt.
Zum Bohren in Gestein (Beton, Ziegel und Mauerwerk) sollten Sie Steinbohrer der besten Qualität verwenden. Bei Steinspezialbohrern ist an der Spitze ein Hartmetallstückchen eingesetzt. Diese Spitze ist meist rot angefärbt, so lassen sich die Bohrer auch leicht von den Stahlspiralbohrern unterscheiden.
Zum Bohren spannen Sie das Bohrstück nach Möglichkeit, das heißt, wenn es die Größe des Werkstücks erlaubt, ein.
1. Die meisten Bohrständer besitzen fest montierte Schraubstöcke, hier können aber oft nur kleine oder schmale Werkstücke befestigt werden. Besonders geeignet sind sie daher für exakte Bohrungen in Metallrohre oder Leisten.
2. Ist es notwendig, freihändig zu bohren, befe-

1

2

3

4

stigen Sie das Werkstück beispielsweise am Schraubstock der Werkbank oder mit Schraubzwingen an einem Arbeitstisch.

3. Die Drehzahlgeschwindigkeit wird an der Bohrmaschine eingestellt. Bei besseren Bohrmaschinen kann sie stufenlos an einer Stellschraube justiert werden. Zusätzlich kann die Bohrgeschwindigkeit durch eine Drehzahleinstellung, die bei den gebräuchlichsten Geräten mit dem Symbol eines Hasen für eine schnellere Drehzahl und einer Schildkröte für langsameres Bohren gekennzeichnet ist, genau eingestellt werden.

Häufig haben Bohrmaschinen einen »Rechts-Links-Lauf«. Den Linkslauf benötigen Sie beispielsweise beim Herausdrehen von Schrauben mit entsprechendem Biteinsatz (siehe Materialkunde). Da hierbei die Bohrmaschine entgegen der Bohrrichtung läuft, ist es wichtig, die Bohrmaschine zum Bohren auf Rechtslauf umzustellen.

Die Drehzahlgeschwindigkeit hängt von der Beschaffenheit des Materials ab. Hierbei können Sie von dem Grundsatz ausgehen: Je härter der Werkstoff und je größer der Bohrdurchmesser ist, desto niedriger sollte die Drehzahl des Bohrers eingestellt werden und umgekehrt. Eine Ausnahme bilden die Kunststoffe, die beim Bohren mit einer hohen Drehzahl in der Bohrung verschmelzen würden.

4. Stecken Sie den Bohrer in das Bohrfutter der Bohrmaschine ein und ziehen Sie ihn mit Hilfe des Bohrfutterschlüssels fest.

Beachten Sie dabei unbedingt, daß der Bohrer exakt senkrecht in das Bohrfutter eingespannt werden muß.

Bei Bohrmaschinen mit Schnellbohrfutter ziehen Sie die Bohrer mit der Hand fest. Beim Bohren wird der Bohrer nur leicht und gefühlvoll an das Bohrstück angedrückt. Ein zu starker Druck hätte eine Überlastung des Bohrmaschinenmotors zur Folge.

Bohrungen in Holz

Verwenden Sie hierzu die anfangs erwähnten Stahlspiralbohrer. Da bei Bohrern mit schmalen Windungen das Bohrmehl oft zu schlecht aus dem Bohrloch heraustransportiert wird, müssen Sie den Bohrer während des Bohrens mehrmals aus dem Bohrloch herausziehen. Das Bohrmehl sollten Sie nach dem Stillstand des Bohrers wegpusten, oder mit einem Handbesen von der Holzoberfläche abkehren.

5. Für tiefere Holzbohrungen sind daher Schlangenbohrer geeigneter, da sie das Bohrmehl besser herausbefördern. Falls möglich, sollte die Bohrung nicht an Ästen des Holzes durchgeführt werden. Außerdem können Sie Bohrungen in Ästen nur mit extrem scharfen Bohrern optimal durchführen, da Sie dabei auch das eventuelle Durchbrechen des Astes berücksichtigen müssen.

Bohrungen in Metall

Ganz wichtig ist, daß Sie die Drehzahl am Bohrer für Metall richtig eingestellt haben, da die Bohrer sehr schnell heiß werden können. Spannen Sie das Werkstück fest in den Schraubstock ein. Metallstücke, die nicht oder nur schlecht befestigt sind, können beim Bohren zur Gefahr werden. So zum Beispiel, wenn sich der Bohrer im Metall frißt und es mit dem Bohrer mitdreht.

6. – 7. Die Bohrstelle wird genau markiert und angekörnt. Wenn Sie zum Bohren etwa für kleine Schraubenlöcher sehr dünne Bohrer verwenden müssen, sollte die Bohrmaschine möglichst im Bohrständer befestigt werden. So läßt sich der Bohrer mit leichtem Druck an das Metallstück ansetzen. Damit wird verhindert, daß der Bohrer durch zu starken Ansatzdruck abbricht oder sich verbiegt. Bei Metallen wie Blei, Kupfer, Stahl und Aluminium müssen Sie zum Abkühlen des Bohrers während des Bohrens, Bohröl in die Bohrstelle geben.

In andere Metalle, wie Zink und Messing, können Sie ohne Bohröl bohren. Auch bei Dünnble-

5

6

7

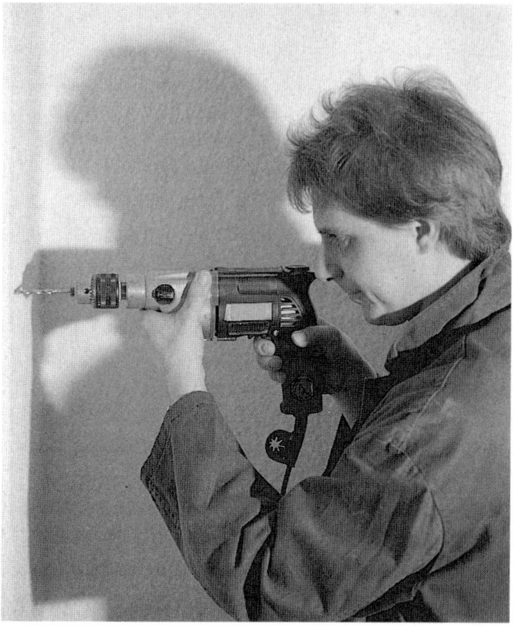

8

chen mit einer Stärke bis etwa 2 mm ist die Verwendung von Bohröl nicht unbedingt notwendig. Der Bohrer sollte dabei zum Abkühlen während des Bohrvorgangs mehrmals aus dem Bohrloch herausgenommen werden, damit er nicht heiß wird.

Bohrungen in Gestein und Mauerwerk

Stellen Sie dazu die Bohrmaschine auf Schlagbohren ein. Voraussetzung ist natürlich, daß Sie eine Bohrmaschine mit Schlagbohrvorrichtung haben. Benutzen Sie zum Bohren ausschließlich die anfangs erwähnten Steinbohrer mit gehärteter Spitze. Ein kleines Grundsortiment Steinbohrer mit 4, 6, 8 und 10 mm Durchmesser sollte in keiner Bohrmaschinengrundausrüstung fehlen. In der Regel werden in die Bohrlöcher Dübel eingesetzt. Suchen Sie den Bohrerdurchmesser passend zum Dübeldurchmesser aus. Meist ist der Dübeldurchmesser auf dem Dübel angegeben. Ist das nicht der Fall, können Sie ihn mit einem Lineal oder einer Schublehre selbst ausmessen. Spannen Sie den Bohrer wiederum exakt senkrecht in das Bohrfutter ein. Bevor Sie mit dem Bohren am Mauerwerk oder an den Raumdecken beginnen, ist unbedingt zu prüfen, ob sich hinter der Bohrstelle kein Elektrokabel oder Rohr befindet. Verlassen Sie sich dabei nicht auf den Verlauf der Steckdosen, Lichtschalter oder Wasserarmaturen. Manchmal wurden Elektroleitungen oder Rohre, um Material einzusparen, gegen die allgemein gültigen Vorschriften verlegt. Suchen Sie darum die Wand- oder Deckenfläche mit einem Metallsuchgerät ab.

8. Je nach Härte des Gesteins oder des Mauerwerks ist es erforderlich, den Bohrer beim Bohren fester anzudrücken. Es kann passieren, daß Sie beim Bohren in einer Wand auf Eisenteile oder in der Decke auf Stahlträger stoßen. Hier kommen Sie mit dem Steinbohrer auf keinen Fall weiter. Es ist daher meist notwendig, auf eine andere Bohrstelle auszuweichen.

Holzteile leimen und verbinden

Natürlich spielt die Haltbarkeit der verleimten Holzteile die größte Rolle. Entscheidend dafür ist sauberes und präzises Arbeiten und eine optimal vorbereitete Klebestelle.
Das zu verleimende Holz muß absolut trocken sein, frei von Staub, Fett, Lack und Farbe. Weitere Voraussetzung für eine dauerhaft haltbare Klebeverbindung ist, das Sie exakt paßgerechte Stücke verwenden. Das heißt, die beiden Holzteile dürfen an ihren Klebeflächen weder leicht aufgewölbt, noch leicht ausgehöhlt sein. Die Klebefläche würde durch die dabei entstehende Wölbung oder Hohlfuge erheblich verringert.
Die Unebenheit des Holzes kann durch Verziehen bei Feuchtigkeit oder durch unsauberen Zuschnitt entstanden sein. Ersteres wird bei Verwendung von span-, sperr- oder stäbchenverleimten Holzstücken kaum vorkommen. Verwenden Sie daher auch am besten diese Holzplatten für Klebearbeiten.
Daß man beim Holzzuschnitt, besonders beim freien Sägen Unebenheiten verursacht, ist schneller geschehen als man denkt. Um diese zu begleichen, benutzen Sie einen Hobel, eine Holzraspel oder eine Holzfeile; bei kleinen Unebenheiten genügt Sandpapier, das es in verschiedenen Feinheitsgraden gibt.
1. Zum **Leimen** verwenden Sie entweder Weißleim, der nach dem Abtrocknen transparent wird, oder Kontaktkleber. Je nach Größe der Klebefläche, tragen Sie den Leim mit einem Pinsel oder einem Spachtel auf und verstreichen ihn gleichmäßig.

1

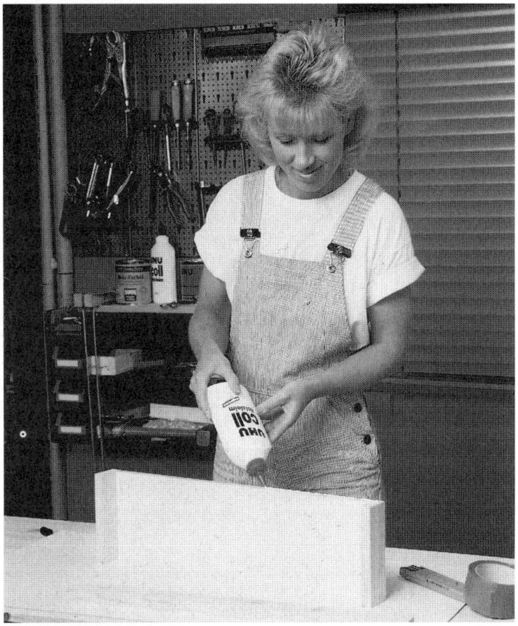

2

3

4

2. Bei schmalen oder kleinen Klebestellen können Sie den Leim direkt aus der Tube auf die Klebestelle aufdrücken.

Tragen Sie den Kleber bei Weichhölzern einseitig und bei Harthölzern beidseitig dünn auf. Fügen Sie die Holzteile zusammen, solange der Kleber noch feucht ist. Zum besseren Zusammenpressen der Teile setzen Sie Schraubzwingen an. Sie werden je nach Klebefläche so befestigt und angezogen, daß ein gleichmäßiger Druck entsteht. Um Oberflächenschäden, die durch Zwingen hervorgerufen werden, zu verhindern, legen Sie flache Holzstücke zwischen Oberfläche und Zwinge. Die Preßzeit sollte bei Raumtemperatur nicht unter 30 Minuten liegen. Eine längere Preßzeit schadet natürlich nicht. Weißleim darf aber keinesfalls unter 4°C verarbeitet werden.

Für die Methode der **Dübelverbindung** brauchen Sie außer Weißleim auch Buchenholzstäbe (Holzdübel). Diese gibt es im Handel mit vielen unterschiedlichen Durchmessern.

3. Zur Montage bohren Sie zuerst mit einem Holzbohrer Dübellöcher (halbe Dübellänge) in eines der zu verbindenden Holzteile.

Um nun die Bohrlöcher genau passend in das Gegenstück bohren zu können, gibt es mehrere Möglichkeiten. Zum einen können Sie die Löcher mit dem Lineal oder Zollstock ausmessen. Zum anderen gibt es im Handel aber auch entsprechend zum Bohrerdurchmesser Bohrereinsätze. Sie werden in das gebohrte Loch gesteckt, wobei der obere Teil am Holz aufliegt. In der Oberflächenmitte befindet sich ein Dorn, auf ihn drücken Sie das Holzgegenstück passend auf. So erhalten Sie eine genaue Markierung, an der Sie nun ebenfalls mit dem Holzbohrer ein Loch (etwa halbe Dübellänge) in das Holz bohren. Es ist wichtig, die Bohrlöcher exakt senkrecht zu bohren, wenn möglich sollten Sie die Bohrmaschine in einen Bohrständer einspannen.

4. Zum leichteren Eintreiben spitzen Sie die Dübel leicht an, gekaufte Dübel sind in der Regel bereits angefast.
Nun geben Sie auf eine Dübelhälfte und in das Bohrloch etwas Leim. Die Verbindungskanten der zu verleimenden Holzteile bestreichen Sie ebenfalls mit Leim. Stecken Sie jetzt die Dübel mit der eingeleimten Seite in das Bohrloch und drücken Sie sie fest. Wenn alle Dübel in den Bohrlöchern sind, geben Sie nun ebenfalls auf die noch sichtbare Dübelhälfte und in die Bohrlöcher des Gegenstücks Holzleim. Setzen Sie die beiden Holzteile nun passend zusammen. Wischen Sie den zwischen den Klebefugen ausgetretenen Kleber sofort mit einem sauberen Tuch ab. Setzen Sie auch hierbei Schraubzwingen an, um die Preßwirkung zu erhöhen.

Holzkantenleisten befestigen

Überkleben Sie Schnitt- oder Stirnkanten von Preßspan- oder Tischlerplatten mit Furnierstreifen oder mit Massivholzkantenleisten.
Die dünnen Furnierstreifen gibt es zum Aufbügeln und Aufleimen. Holzkantenleisten, sogenannte Umleimer, sind allerdings wesentlich stabiler und sehen auch dekorativer aus. Beim Anbringen der Leiste kommt es auf die Beschaffenheit der Holzkanten an.

5. Tragen Sie bei rauhen Kanten oder bei Harthölzern Weißleim auf die Leiste und die Holzkante dünn auf. Anschließend drücken Sie die Leisten an der Kante fest.

6. – 7. Da es bei größeren Holzplatten schwer ist, während der Preßzeit (etwa 20 Min.) Schraubzwingen anzusetzen, sollten Sie zusätzlich dünne Drahtstifte ohne Kopf einschlagen und mit einem Versenkstift in der Leiste versenken. Die dabei entstehenden winzigen Löcher spachteln Sie mit Holzkitt aus. Nach dem Aushärten des Kitts schleifen Sie die Holzleisten mit ganz feinem Schleifpapier kurz nach, Sie werden die so behandelten kleinen Löcher mit bloßem Auge kaum erkennen können.

5

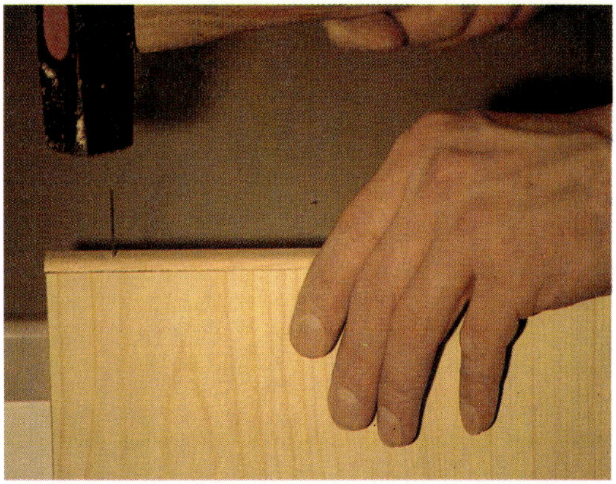
6

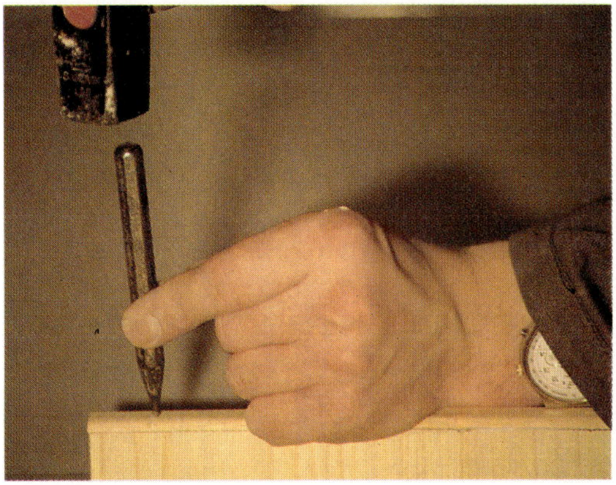
7

Holzoberflächen richtig bearbeiten

Wenn Sie bei Reparaturarbeiten Holzteile ersetzen müssen, sollten diese natürlich farblich zum Original passen. Um dies zu erreichen, müssen Sie das eingesetzte Stück entsprechend lackieren beziehungsweise mattieren. Falls Sie die gleiche Holzart nicht beschaffen könnten, beizen Sie das Ersatzstück nach dem Anbringen. So können Sie auch vorhandenes Restholz verwenden, vorausgesetzt, die Maserung entspricht in etwa der gewünschten Holzart.

1. Holzbeize erhalten Sie entweder in Flüssig- oder in Pulverform. Letztere wird mit Wasser oder Spiritus angerührt.

2. Vor dem Beizen müssen Sie die Holzoberfläche abschleifen. Nehmen Sie dazu Schleifpapier mit einer 100er-Körnung, damit geht es am besten. Anschließend feuchten Sie die Fläche mit einem sauberen Pinsel oder Schwamm mit Wasser gleichmäßig an. Nach einer Trockenzeit von etwa 8 Stunden schleifen Sie die Holzoberfläche nochmals ab, um die beim Einwässern hochgestellten Fasern zu entfernen. Wechseln Sie das Schleifpapier öfters, dadurch werden die Holzfasern richtig erfaßt und nicht wieder an das Holz angedrückt.

Verwenden Sie zum Beizen Pulverbeize, da diese nur geringe chemische Reaktionen aufweist. Sie ist außerdem umweltfreundlicher als gebrauchsfertige Holzbeize. Machen Sie, bevor Sie das ausgewechselte Stück behandeln, einen Probeanstrich an einem Abfallstück der gleichen Holzart. Wenn die Beize getrocknet ist, vergleichen Sie das Probestück mit dem Originalholz des reparierten Gegenstands. Sollten Sie hierbei eine Farbabweichung feststellen, können Sie Beizen des gleichen Herstellers mischen, bis der gewünschte Farbton erreicht ist. Dabei sollten allerdings die Herstellerangaben beachtet werden.

3. Tragen Sie nun die Beize mit einem Pinsel oder einem nicht fasernden Lappen auf das ausgebesserte Holzstück auf. Die erste Schicht tragen Sie in Faserrichtung auf, eine zweite Schicht quer zur Faserrichtung. Nach 2 bis 5 Minuten können Sie die überflüssige Beize mit einem sauberen Tuch in Faserrichtung des Holzes abwischen.

Etwa nach einem Tag ist die Beize vollständig abgetrocknet. Wärme verkürzt die Trockenzeit. Je nachdem, wie das Originalholz behandelt wurde, können Sie jetzt auf die gebeizte Stelle Holzschutzlasur oder Lack auftragen.

4. Bei größeren Ausbesserungsstellen, wenn an einer Treppe mehrere ganze Stufenbretter ausgetauscht werden, können Sie zum Lackieren eine Spritzpistole verwenden. Sie erreichen dadurch eine gleichmäßige und streifenfreie Lackierung. Um Gesundheitsschäden zu vermeiden, tragen Sie beim Einsprühen eine Atemschutzmaske.

Eine weitere Möglichkeit, die Holzoberfläche zu veredeln, besteht darin, die gebeizten Teile einzuwachsen. Dazu eignet sich Bienen- oder Antikwachs. Beide Wachsarten erhalten Sie in vielen Farbtönen.

Zuerst befreien Sie die Holzoberfläche von Staub und Schmutz, dann tragen Sie das Wachs mit einem Pinsel oder einem nichtfasernden Ballentuch gleichmäßig dünn auf. Nach etwa 10 bis 20 Minuten wischen Sie den Überschuß mit einem weichen Lappen in Faserrichtung ab. Nach wenigen Stunden polieren Sie die Oberfläche leicht auf. Um die optische Wirkung des Wachses zu erhöhen, können Sie auf die abgetrocknete Oberfläche eine zweite Wachsschicht auftragen.

1

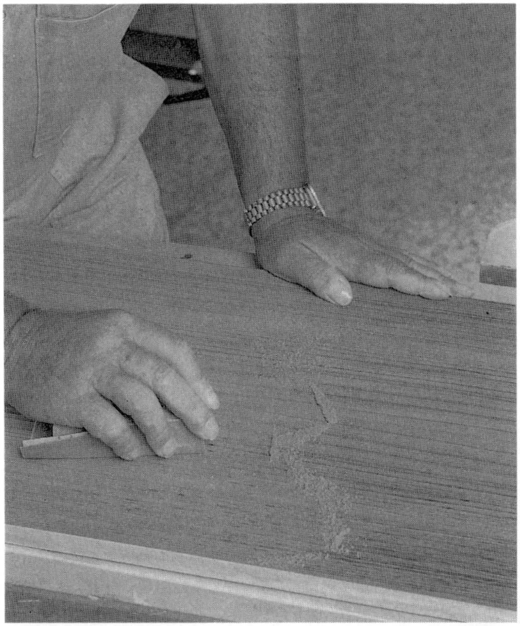

2

3

4

1

2

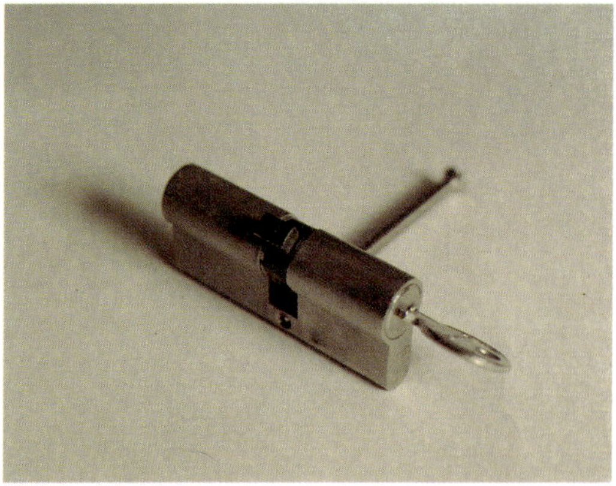

3

Ausbau eines Türschlosses

Um Schlösser reparieren zu können, ist es meist erforderlich, sie aus der Türe auszubauen und über deren Funktionsweise Bescheid zu wissen. Bei den in Haus- und Wohnungstüren eingebauten Schlössern handelt es sich fast immer um Kasten-, Buntbart- oder Zylinderschlösser. Der Ausbau dieser Schlösser ist, wenn man weiß wie, ganz einfach.

1. Zuerst montieren Sie die Türklinke ab. Sie ist mit einem Vorsteckstift (Splint), einer Schraube oder einem Stift gesichert (hier wurde eine Schraube mit innenliegendem Sechskant verwendet). Nach dem Lösen der Befestigung läßt sich die Klinke abziehen. Anschließend schrauben Sie den Türbeschlag ab. Jetzt wird das Schloß aus der Türe abgeschraubt. Hierzu müssen Sie die Türe öffnen und die beiden Schrauben, je eine über der schließenden Falle und eine unter dem Schloßriegel lösen.

2. Bei Zylinderschlössern müssen Sie noch eine dritte Schraube herausdrehen. Diese sitzt unmittelbar unter dem Riegel und hält den Zylinder im Schloß fest.

3. Der Schließzylinder wird außerdem noch durch eine Schließnase, die sich im Inneren des Zylinders befindet, festgehalten. Um ihn herausnehmen zu können, stecken Sie den passenden Schlüssel ein und drehen ihn leicht zur Seite, gleichzeitig ziehen Sie den Zylinder am Schlüssel aus dem Schloß heraus. Jetzt läßt sich das gesamte Schloß aus der Türe herausnehmen. Achten Sie dabei darauf, daß es nicht auf einen harten Boden fällt. Es könnte dadurch unbrauchbar werden.

Entlüftung von Heizkörpern

In den mit Wasser gefüllten Heizkörpern kann sich beim Auf- oder Nachfüllen der Heizanlage Luft sammeln. Die spürbare Folge ist, daß der Heizkörper nicht mehr oder nur teilweise warm wird, was meist mit einem Blubbern im Heizkörper verbunden ist. Der Heizkörper muß entlüftet werden.

1. Für Belüftungszwecke ist ein Entlüftungsventil vorhanden. Es kann die Form eines kleinen Hähnchens mit einem kleinen Hebel oder einem Luftstopfen haben. Vor dem Entlüften müssen Sie unbedingt die Umwälzpumpe der Heizung abschalten. Falls Sie diese nicht separat abschalten können, schalten Sie die Elektroanlage der Heizung am Hauptschalter aus. Stecken Sie nun zum Entlüften einen passenden Vierkantschlüssel auf den Luftstopfen und drehen ihn zum Öffnen links herum. So kann die Luft aus dem Heizkörper entweichen.

2. – 3. Da bei der Entlüftung auch schmutziges Heizungswasser austreten kann, sollten Sie unter den Luftstopfen einen kleinen Behälter halten, damit Teppich und Tapeten nicht beschmutzt werden. Schließen Sie den Stopfen erst, wenn nur noch Wasser entweicht. Ziehen Sie den Stopfen nicht zu fest an, damit er nicht beschädigt wird. Nach diesem System können Sie nun auch Ihre anderen Heizkörper entlüften. Durch häufiges Entlüften bilden sich am Luftstopfen oder auch an den kleinen Entlüftungshähnchen Kalkablagerungen. Am einfachsten lassen sich diese mit Essig entfernen. Das Wasseraustrittsloch machen Sie dabei mit einer Nadel durchgängig.

1

2

3

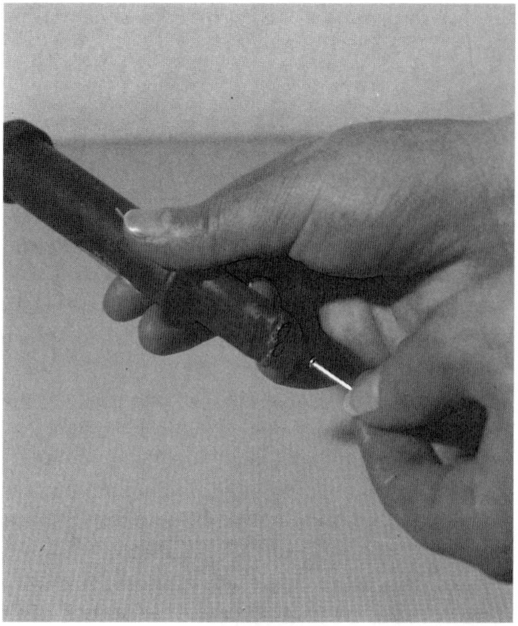

1

2

Nageln und schrauben

Nageln

Der Spruch: »Er ist zu dumm, einen Nagel in die Wand zu schlagen«, ist Ihnen vielleicht bekannt. Dies liegt aber in erster Linie am Material der Nägel und nicht am Geschick des Heimwerkers. Es werden allzuoft Drahtstifte mit Flachkopf (klassischer Nagel) zum Einschlagen in die Wand verwendet. Diese Flachkopfnägel verbiegen sich beim Einschlagen in Ziegel oder hartes Mauergestein. Beim Verbiegen des Nagels rutscht man leicht mit dem Hammer zum Nagelkopf hin ab, verletzte Finger können oft die Folge sein. Die richtigen Nägel zur Befestigung leichter Gegenstände an der Wand sind daher Stahlnägel mit Linsenkopf. Es gibt sie in den unterschiedlichsten Längen.

1. – 2. Sehr kurze Nägel können zum Einschlagen schlecht mit den Fingern gehalten werden. Eine große Hilfe ist hierfür ein »Nagler«. Er besitzt an der Unterseite ein magnetisches Einschubloch für den Nagel. Beim Einlegen des Nagels schiebt sich der Schlagstift oben am Nagler heraus. Setzen Sie nun den Nagler an die Wand an, wird der Nagel dabei durch den Magneten im Einsteckloch gehalten. Jetzt brauchen Sie nur noch mit dem Hammer auf das Schlagstiftende zu schlagen. Je nach Bedarf läßt sich der Nagel auf diese Weise vollständig oder nur teilweise in die Wand treiben. Nagler gibt es in den meisten Bau- und Heimwerkerfachgeschäften, sie kosten rund 15 DM und können auch zum Nageleinschlagen in Holz und andere Baustoffe verwendet werden.

Beim Nageln in Holz müssen Sie besonders

dann achtgeben, wenn die Einschlagstelle des Nagels nahe an der Schnittkante des Holzes liegt. Hier kann es leicht passieren, daß die scharfe Nagelspitze das Holz spaltet und somit die Kante beschädigt. Mit einem kleinen Trick können Sie das verhindern. Stellen Sie den Nagel senkrecht, mit dem Kopf nach unten auf ein Metallstück. Mit ein paar leichten Hammerschlägen auf die Nagelspitze wird diese gestaucht. Wenn Sie den stumpfen Nagel jetzt in das Holz einschlagen, brauchen Sie eine Holzsplitterung nicht mehr zu befürchten.

Schrauben

3. Wenn Sie Schrauben ins Holz drehen wollen, sollten Sie zunächst ein Setzloch für die Schrauben vorbohren. Bei sehr kleinen Schrauben und bei weichem Holz können Sie dazu einen Spitzbohrer verwenden. Bei Hartholz ist dazu der Einsatz einer Bohrmaschine mit entsprechendem Bohrer notwendig. Der Bohrdurchmesser muß dabei etwas geringer als der Schraubendurchmesser sein. Der Schraubendurchmesser wird am Schraubenschaft, unterhalb des Kopfes, gemessen. Wurde mit dem Spitzbohrer vorgebohrt, läßt sich die Schraube nur mühsam in das Holz eindrehen.

4. Eine altbewährte Methode, das Eindrehen zu erleichtern besteht darin, das Schraubgewinde an einer weichen Kernseife zu reiben. So ist das Gewinde vorgeschmiert, und die Schraube läßt sich leicht einschrauben.

Haben Sie das Setzloch für die Schraube mit einem Bohrer vorgebohrt, geben Sie, zum besseren Halt der Schraube, etwas Weißleim in das Bohrloch. Um Schrauben in der Wand sicher und dauerhaft zu befestigen, muß in die Wand zuerst ein Dübel gesetzt werden. Für Gewindeschrauben eignet sich dazu der Messingdübel besonders gut. Für Holzschrauben verwenden Sie am besten Universal- oder Spreizdübel. Der Schraubendurchmesser muß wesentlich kleiner als der Dübeldurchmesser sein.

3

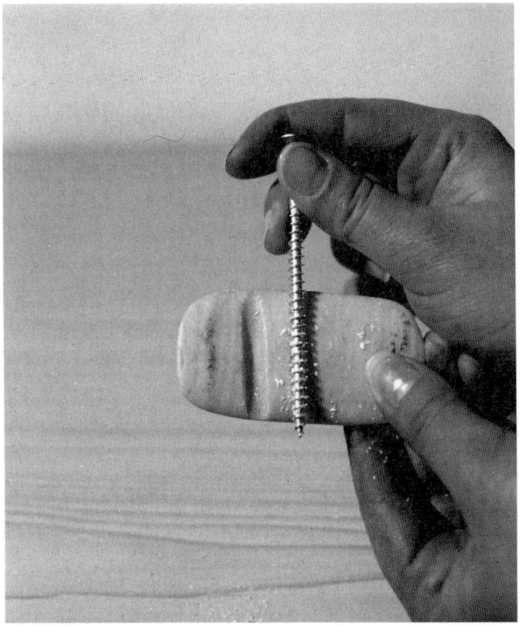

4

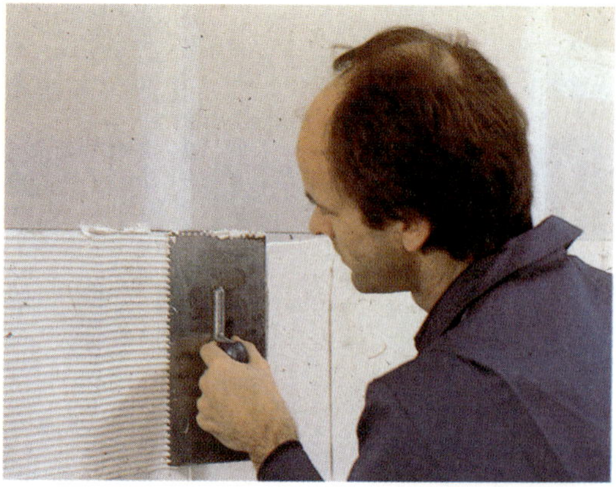

1

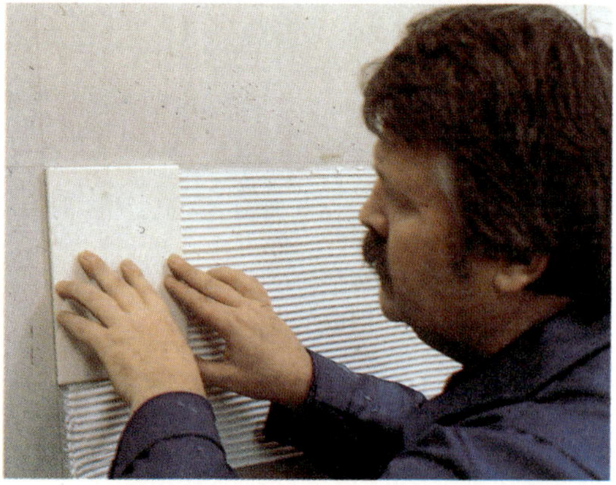

2

3

Fliesen im Dünnbettverfahren verlegen

Keramische Wand- und Bodenfliesen gibt es in zwei Materialausführungen. Man unterscheidet Steinzeugfliesen und Steingutfliesen. Letztere können Sie aufgrund ihrer Zusammensetzung nicht im Freien verlegen. Steinzeugfliesen eignen sich für innen und außen, da sie durchgefärbt, frostsicher und wetterfest sind. Beide Fliesenarten gibt es in vielen Farben und Formen. Beim Verlegen der Fliesen müssen Sie zuerst für einen haftfähigen und ebenen Untergrund sorgen. Entfernen Sie Lackfarbe und hervorstehende kleine Steinchen vom Putz an der zu befliesenden Fläche. Zur Verbesserung der Haftfähigkeit sowie zur Regulierung unterschiedlichen Saugverhaltens der Klebeflächen tragen Sie mit einem Pinsel oder einer Bürste handelsübliche, lösungsfreie Fliesengrundierung satt auf. Alle Öffnungen, wie beispielsweise an Rohrdurchbrüchen, dichten Sie mit wasserfestem, dauerelastischem Sanitärsilicon ab. Sind Grundierung und Silicon abgetrocknet und fest, streichen Sie mit einer Traufe Fertigfliesenkleber auf. Falls Ihnen dabei Fliesenkleber auf Armaturen, Badewanne oder Waschbecken tropft, müssen Sie ihn sofort entfernen, denn erst einmal angetrocknet, ist dies nur sehr mühsam zu bewerkstelligen. Das verwendete Werkzeug sollte daher auch unmittelbar nach dem Gebrauch gereinigt werden. Tragen Sie nur so viel Kleber auf, wie Sie in kurzer Zeit bearbeiten können. Machen Sie vor dem Ankleben der Fliesen eine Fingerprobe, wenn der Kleber am Finger bei leichtem Druck nicht mehr haftet, müssen Sie ihn neu aufziehen.

1. – 2. Nun durchkämmen Sie den Kleber mit einer Zahnspachtel, wodurch Sie ein gleichmäßiges Klebebett erreichen. Verlegen Sie die erste Fliesenreihe auf den Kleber und drücken Sie diese fest an.

Um einen gleichmäßigen Fliesenabstand zu gewährleisten, setzen Sie zwischen die Fliesen sogenannte Fugenkreuze. Zur Kontrolle, ob die Fliesen auf gleicher Höhe sind, legen Sie eine Wasserwaage an.

3. Es wird sich kaum vermeiden lassen, daß Sie bei der letzten Fliesenreihe Teile zuschneiden müssen. Messen Sie dafür die notwendige Abschnittslänge an der Wand aus (ziehen Sie aber den Fugenabstand ab) und übertragen Sie das Maß auf die Glasurseite der Fliese. Legen Sie diese mit der glasierten Seite nach oben in den Fliesenschneider. Dann setzen Sie das Schneiderädchen an und schieben den Schlitten mit leichtem Druck ein paarmal von sich weg. Nach dem Durchschneiden der Glasur läßt sich die Fliese durch Aufsetzen und Herunterdrücken des Brechkopfes an der Kante brechen.

4. Nach einer Trockenzeit (am besten 2 Tage) entfernen Sie alle Fliesenkreuze. Sind einzelne Kreuze festgeklebt und weit genug in der Fuge, lassen Sie diese stehen. Tragen Sie jetzt mit einer Gummispachtel den Fugenmörtel auf die Fliesen auf. Verwenden Sie hierzu flexiblen, schnellhärtenden und wasserdichten Fugenmörtel. Er wird je nach Gebrauchsanleitung des Herstellers mit der entsprechenden Menge Wasser angerührt.

5. Sobald der Fugenmörtel in den Fugen angezogen hat, säubern Sie die Fliesenfläche mit einem feuchten Schwamm , den Sie öfter in klarem Wasser auswaschen.

6. Alle Anschluß- und Dehnungsfugen wie beispielsweise an Wand, Boden oder am Wannenrand dichten Sie mit Sanitärsilicon dauerelastisch und wasserdicht ab.

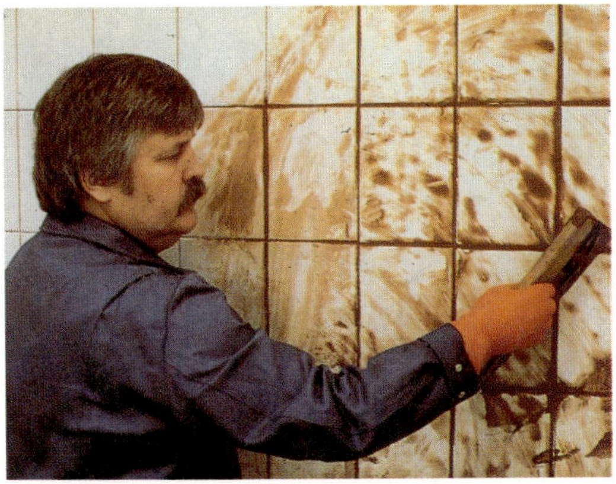

4

5

6

1

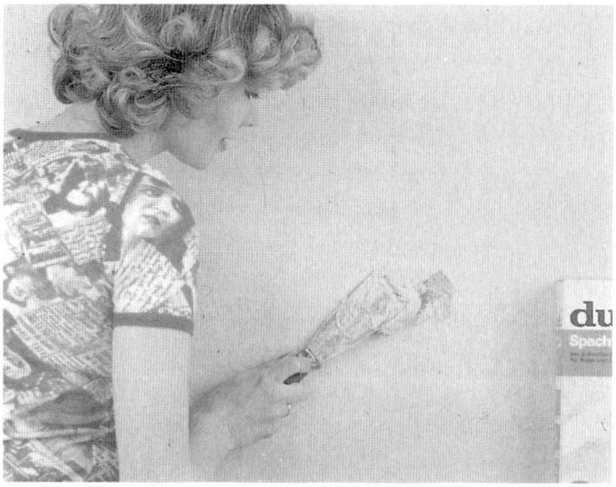

2

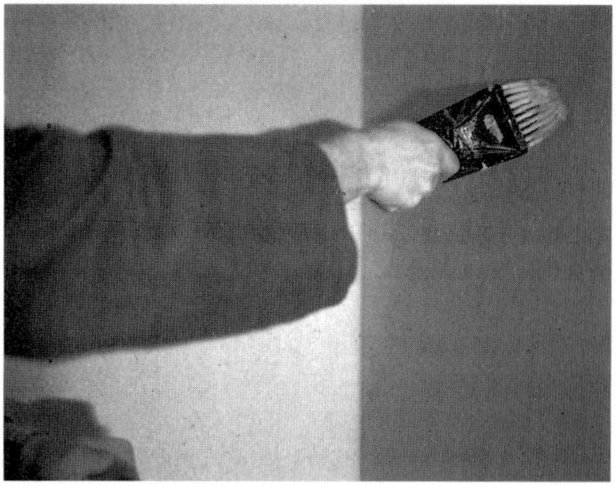

3

Selbst tapezieren

1. Vor dem Tapezieren steht das leidige Entfernen der alten Tapete. Je nach Tapetenart gibt es dazu verschiedene Möglichkeiten. Maschinendrucktapeten und Rauhfasertapeten lassen sich, gut mit Wasser eingepinselt, nach einer kurzen Einweichzeit mit einem Spachtel ablösen. Bei wisch- und besonders bei waschfesten Tapeten ist es notwendig, die Deckschicht der Tapete vor dem Einpinseln einzuritzen. Dazu eignet sich am besten eine Nadelwalze, die in allen Maler- und Tapetengeschäften erhältlich ist. Wollen Sie für diese Anschaffung nicht zusätzlich Geld ausgeben, können Sie sich auch mit einem Spachtel behelfen.
Ritzen Sie die Tapeten vorsichtig kreuzweise ein, damit der Wandputz nicht beschädigt wird. Erheblich erleichtert wird das Tapetenablösen, wenn Sie dem Ablösewasser handelsfertigen Tapetenablöser zusetzen. Die eingeweichte Tapete ziehen Sie nun mit einem Spachtel in großen Stücken ab. Hatten Sie sich bei der Wahl Ihrer alten Tapete für eine spaltbare entschieden, brauchen Sie weder Wasser noch Spachtel. Durch die spaltbare Ausrüstung kann die Tapete trocken und meist in ganzen Bahnen abgezogen werden.

2. Haben Sie nun die weniger schöne Arbeit des Tapetenablösens hinter sich, folgt das Ausspachteln von Nagel- und Dübellöchern sowie eventuell von Wandrissen. Für diese Ausbesserungsarbeiten verwenden Sie am besten Füllspachtelmasse. Für größere Wandputzschäden, die beim Abspachteln der Tapete entstanden sind, verwenden Sie Glättputz zum Ausgleichen. Nach dem Trocknen wird er mit Glaspapier plan abgeschliffen. Befinden sich an der Wand alte Leimanstriche, müssen diese vor dem Tapezieren abgewaschen werden.

3. Eine zu starke Saugfähigkeit des Untergrunds ist nicht von Vorteil, hier sollten Sie zuerst ein lösungshaltiges Grundierungsmittel auftragen. Für leicht sandende und weniger saugfähige Untergründe empfiehlt es sich, feine Streichmakulatur zu verwenden. Den besten Untergrund erreichen Sie aber, wenn die Flächen mit Rollenmakulatur grundtapeziert werden. So erhalten Sie einen gleichmäßig saugenden und hellen Untergrund. Haftet das Grundiermaterial fest und trocken an der Wand, kann mit dem Tapezieren begonnen werden.

Setzen Sie als erstes den Tapetenkleister an. Beachten Sie die Angaben über das Mischungsverhältnis auf der Verpackung. Es ist ratsam, gleich anfangs eine größere Menge anzusetzen, damit der Kleister während des Tapezierens nicht ausgeht. Während der Kleister anzieht, können Sie mit dem Aufbau des Tapetentisches beginnen und Ihr Tapezierwerkzeug bereitlegen. Bevor Sie die Tapeten zuschneiden, messen Sie die Raumhöhe aus und geben noch rund 10 cm für den Verschnitt zu.

4. – 5. Zum Schneiden wird die Tapetenrolle auf dem Tapeziertisch über die gesamte Tischlänge abgerollt. Jetzt markieren Sie die gewünschte Länge auf der Tapete leicht mit dem Bleistift. Anschließend schneiden Sie die Tapete dort mit einem Tapezierer-, einem Cuttermesser oder einer Schere sauber ab.

Beim Schneiden mit dem Messer ist es wichtig, daß die Klinge sehr scharf ist. Hier haben sich in den letzten Jahren Messer durchgesetzt, bei denen die Klinge herausschiebbar ist, und durch stückweises Abzwicken eine neue, scharfe Klinge zur Verfügung steht.

Tip: Rauhfasertapeten sollten nach Möglichkeit nicht geschnitten, sondern gerissen werden.

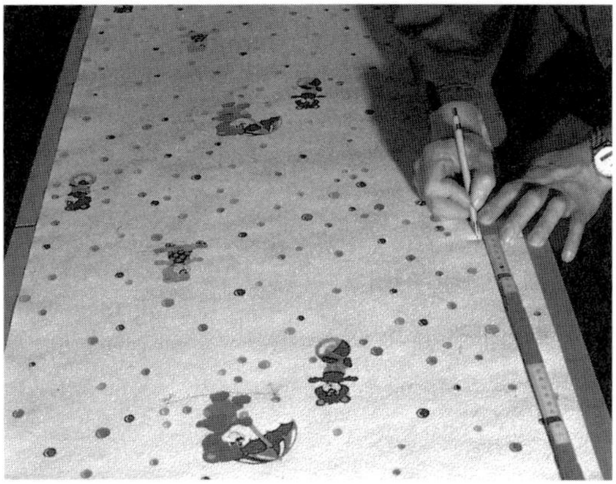

4

5

6

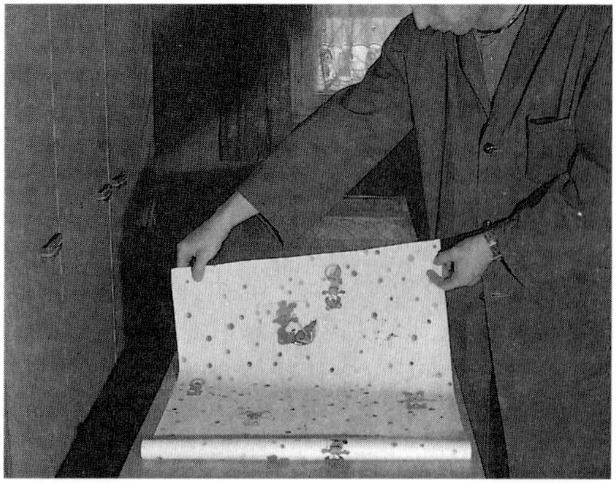

7

8

9

Dadurch werden die Trennstellen nach dem Überstreichen mit Wandfarbe so gut wie unsichtbar. Zum Reißen falten Sie die Tapete an den zuvor beim Ausmessen markierten Stellen. Den Falzknick dabei fest zusammendrücken. Anschließend klappen Sie die Tapete wieder auf und legen den Falz genau bündig zur Tischkante an. Halten Sie nun das größere Stück der Tapete mit einer Hand fest, während Sie mit der anderen das kürzere Stück gefühlvoll abreißen. Ein bißchen Übung braucht man dazu schon, aber wenn man das Reißen beherrscht, geht es schneller als Schneiden.

6. Mittlerweile dürfte der angesetzte Tapetenkleister angezogen haben. Bevor Sie ihn verarbeiten, nochmals kräftig durchrühren. Legen Sie nun eine zugeschnittene Tapetenbahn mit der Stirnseite nach unten auf den Tapetentisch. Tragen Sie den Kleister mit einer Deckenbürste nicht zu sparsam, aber auch nicht zu dick auf die Tapetenrückseite auf. Wenn Sie die Tapetenenden mit einem schweren, sauberen Gegenstand beschweren, erleichtert das Ihre Arbeit wesentlich. Nun verteilen Sie den Kleister mit der Bürste von der Bahnmitte aus gleichmäßig. Das Verkleistern der Wand mit etwas vedünntem Kleister erleichtert Ihnen das genaue Anbringen der Tapete. Aber höchstens ein bis zwei Bahnen verkleistern, damit der Kleister nicht antrocknet.

7. – 9. Um die eingekleisterte Tapete leichter transportieren zu können, schlagen Sie sie von oben zu zwei Dritteln und von unten zu einem Drittel zusammen. Zum leichteren Aufziehen schlägt der Profi nochmals 2 bis 3 cm des unteren Drittels um. Es ist wichtig, daß Sie die Bahn genau passend zusammenlegen, damit die Bahnkanten nicht austrocknen.

Lassen Sie die Tapete so zusammengelegt etwas einweichen. Während der Einweichzeit können Sie die Abdeckungen von Lichtschaltern und Steckdosen abschrauben. Drehen Sie auf alle Fälle zuvor die Sicherung heraus. Zum einen ist es zu gefährlich, die Abdeckung einer unter Strom stehenden Steckdose abzuschrauben, zum anderen kann ein Kurzschluß entstehen, wenn beim anschließenden Tapezieren Tapetenkleister auf die stromführenden Teile tropft. Lassen Sie deshalb die Sicherung, während Sie tapezieren, die ganze Zeit über ausgedreht. Bedenken Sie, daß feuchte Wände und Tapeten Strom leiten können. Daher müssen Sie die Ausschnitte für Steckdosen und Schalter sauber und lieber etwas großzügiger herausschneiden, damit keine feuchten Tapetenstücke an die stromführenden Teile kommen. Beginnen Sie mit dem Tapezieren an einer markanten Stelle des Zimmers (Fenster oder Türe). Gehen Sie Bahn für Bahn in einer Richtung weiter und sparen Sie kritische Stellen, an denen Sie stückeln müssen vorerst aus. Diese tapezieren Sie am Schluß, wobei Sie angefallene Tapetenreste verwenden können.

10. Legen Sie sich die eingeweichte Tapetenbahn über den angewinkelten Arm. So können Sie den oberen, längeren Umschlag ganz leicht aufziehen. Auf der Leiter lassen Sie die Bahn auseinandergleiten und setzen die Tapete exakt senkrecht an der Wand an. Es ist ratsam, die Stelle, an der die erste Bahn geklebt werden soll, auszuloten. Ist die erste Bahn nur etwas schief aufgeklebt, setzt sich dieser Fehler fort.

11. Um Ungleichmäßigkeiten am Zimmerdeckenabschluß auszugleichen, kleben Sie die Bahn so, daß einige Zentimeter Überhang zur Decke hin entstehen. Den überstehenden Verschnitt drücken Sie mit dem Scherenrücken in die Ecke. Entlang dem Falzstrich schneiden Sie nun mit der Schere den Verschnittstreifen ab. Prüfen Sie, ob noch genügend Kleister an der Tapete ist, wenn ja, drücken Sie die Bahn wieder an. Der dabei herausgedrückte Kleister sollte sofort mit einem sauberen, weichen Tuch entfernt werden.

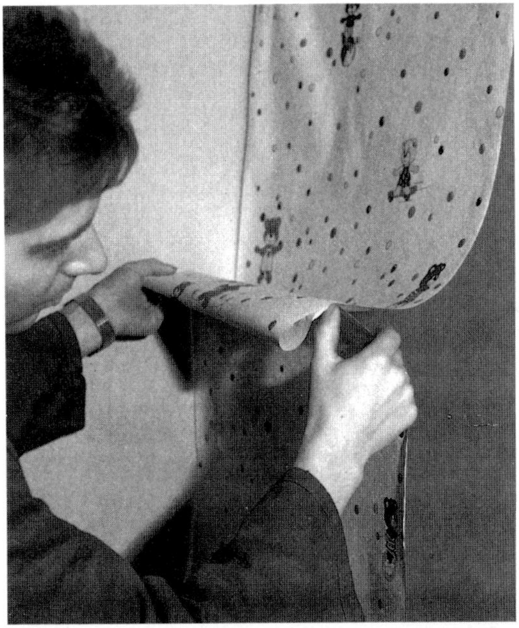

10

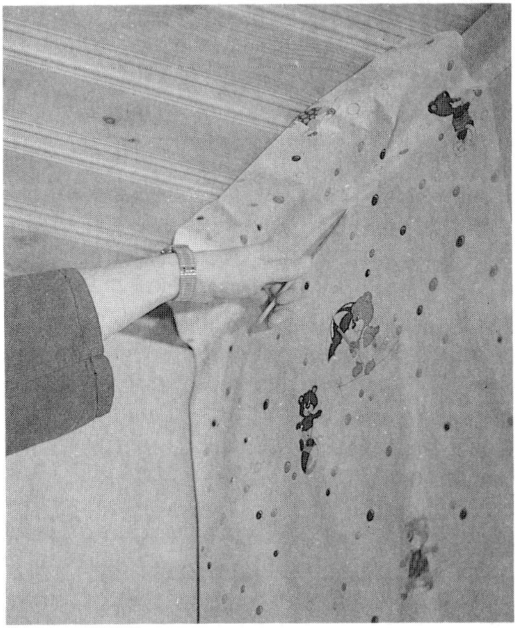

11

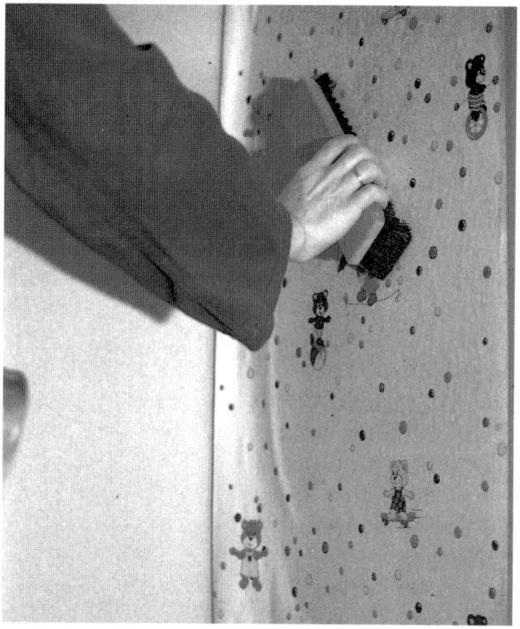

12

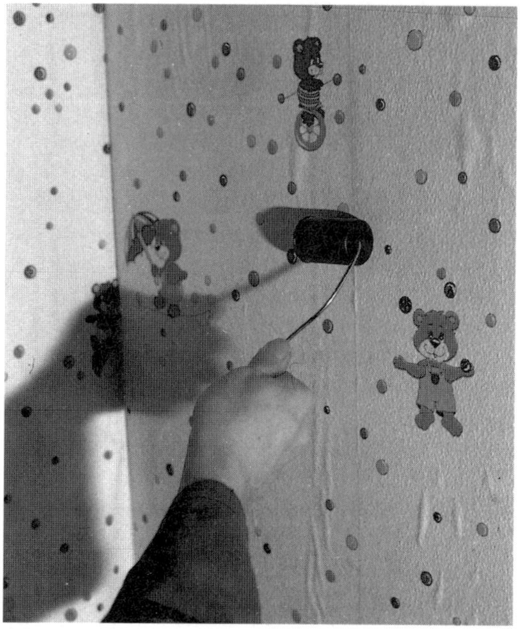

13

12. Bürsten Sie jetzt die Bahn mit einer Tapezierbürste von der Mitte aus zu den Seiten. Häufig bilden sich Luftbläschen unter der Tapete, diese bürsten Sie ebenfalls seitlich heraus. Gehen Sie dabei vorsichtig vor, damit keine Falten entstehen. Nach dem geschilderten Schema kleben Sie nun Bahn für Bahn weiter.

13. Achten Sie darauf, daß die Stoßkanten gut kleben. Solange der Kleister noch feucht ist, können Sie die Stoßkanten mit einem sauberen Tuch oder einem konischen Nahtroller fest andrücken.

Die Ecken der Wand sind etwas problematischer zu tapezieren. Grundsätzlich werden keine ganzen Tapetenbahnen über die Ecke geklebt; es entstünden beim Trocknen nur Risse oder Falten. Messen Sie die Breite des benötigten Tapetenstücks aus. Dem Maß geben Sie noch etwa 2 cm zu. Legen Sie nun eine Tapetenbahn mit entsprechender Länge auf den Tapeziertisch. Zeichnen Sie das Maß an und verbinden Sie die Punkte zu einer Schnittlinie. Nun können Sie die Bahn mit einer Schere oder mit dem Tapetenmesser entlang der Schnittlinie abtrennen. Jetzt streichen Sie die Tapete ein und kleben sie an die Wand. Die Zugabe von zwei Zentimetern kleben Sie übers Eck, klappen sie wieder kurz auf, um sie dann mehrmals quer einzuschneiden, wodurch Sie die Bildung von Falten vermeiden. Wie bei der ersten Tapetenbahn wird die neue Wand wieder ausgelotet. Kleben Sie jetzt die Zugabe fest. An Tür- und Fensterstöcken verfahren Sie ähnlich.

Wenn der ganze Raum fertig tapeziert ist, müssen die Tapeten nur noch trocknen. Es ist wichtig, daß während des Trocknens kein Durchzug entsteht und daß auf starkes Heizen verzichtet wird, da durch ein zu schnelles Trocknen die Stoßnähte aufplatzen können. Am besten trocknet die Tapete bei Raumtemperatur. Sind die tapezierten Flächen vollständig getrocknet, muß der Raum gut gelüftet werden.

Teppichübergangsschienen befestigen

Teppichübergangsschienen werden überall dort montiert, wo zwei Teppichkanten zusammenstoßen. Bei lose verlegten Teppichen werden diese Leisten, die es aus Aluminium, Messing und verschiedenfarbigem Kunststoff gibt, allein schon aus optischen Gründen montiert. Sie verdecken die Schnittkanten optimal und verhindern außerdem, daß die Teppichschnittkanten mit der Zeit aufstehen und ausfransen, wodurch erhöhte Stolpergefahr besteht. Aber auch bei fest verlegtem Teppichboden lösen sich die Schnittkanten durch häufiges Begehen mit der Zeit auf. Um einem Teppichschaden und der daraus entstehenden Gefahrenstelle vorzubeugen, werden Teppichschienen über die Schnittkanten montiert.

Zuerst messen Sie den Abstand der beiden Türpfosten mit einem Zollstock aus. Messen Sie an den Punkten, wo die Leiste später montiert wird, beispielsweise von Türfalz zu Türfalz.

Entsprechend dem Maß besorgen Sie sich nun eine Teppichübergangsschiene nach Wahl. Selten stimmt das Leistenmaß mit der benötigten Länge überein, daher brauchen Sie eine etwas längere Leiste, die Sie dann entsprechend absägen müssen.

In der Regel sind in die Schienen schon Schraubenlöcher vorgebohrt und die dazugehörigen Schrauben der Verpackung beigelegt. Ist das nicht der Fall, müssen Sie die Schraublöcher selbst bohren und sich entsprechend der Bohrlochzahl 5-mm-Spreizdübel und 2,5 x 30-mm-Senkkopfschrauben besorgen. Verwenden Sie dazu einen 2-mm-Stahlspiralbohrer und bohren

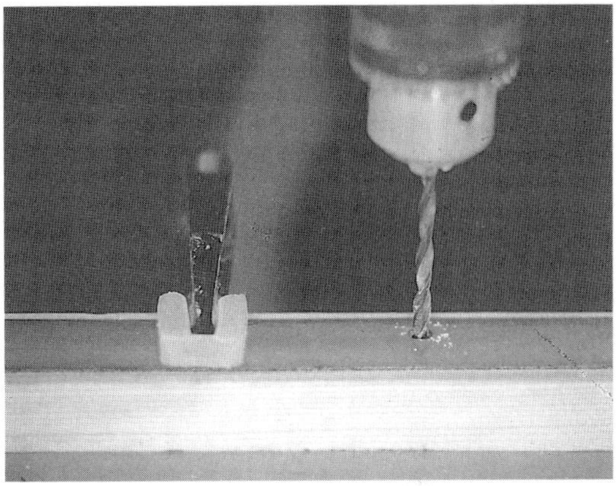

1

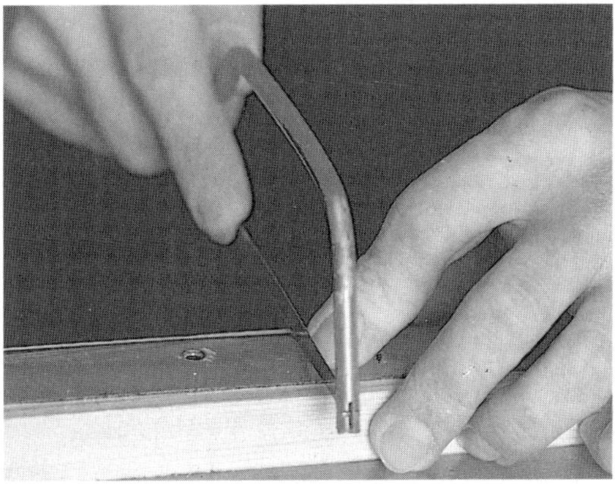

2

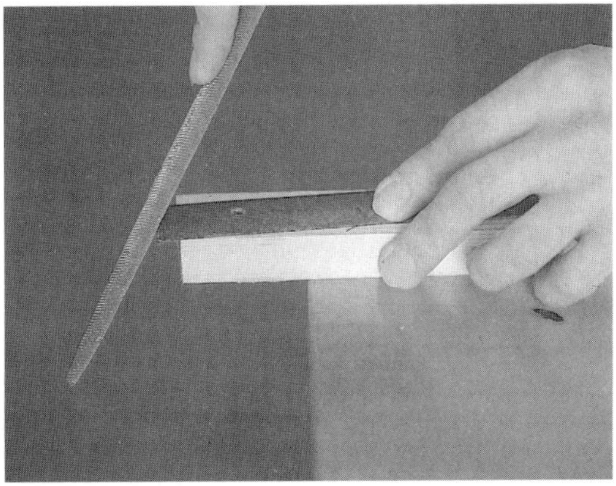

3

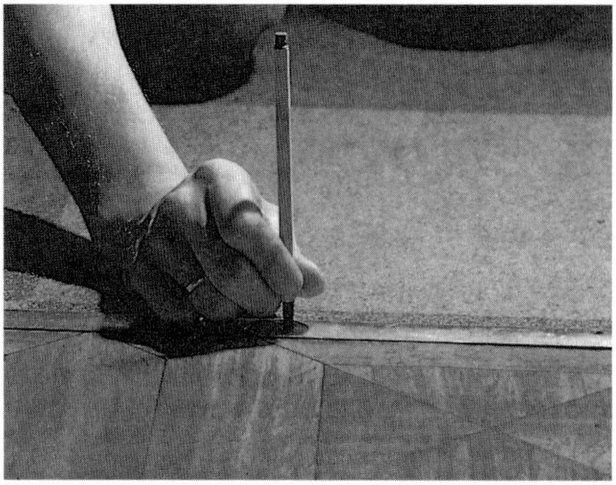

4

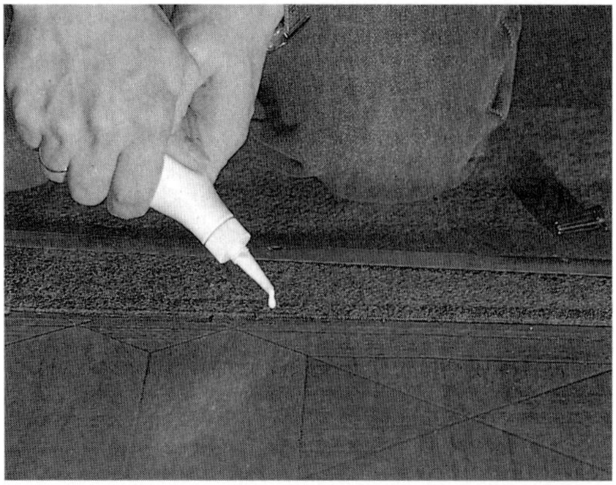

5

6

Sie die Löcher in regelmäßigem Abstand von 15 cm in die Schiene.

Für diese Bohrarbeiten darf die Schiene keinesfalls in den Schraubstock eingespannt werden. Durch die scharfkantigen Backen des Schraubstocks würde die Leistenoberseite beim Einspannen beschädigt werden. Legen Sie darum die Metalleiste auf eine gleichlange Holzplatte und befestigen Sie diese mit Schraubzwingen an einer Tischkante. Ziehen Sie die Zwingen dabei nur leicht an, damit sich die Leiste nicht verformt.

1. Jetzt bohren Sie die Schraubenlöcher mit der Bohrmaschine. Anschließend reiben Sie die Bohrlöcher mit einem 4-mm-Bohrer etwas aus, damit sich die Schrauben später leicht versenken lassen.

2. – 4. Als nächstes kürzen Sie die Leiste auf die notwendige Länge. Lassen Sie dazu die Leiste wie beim Bohren an der Tischkante eingespannt. Mit einer Eisensäge wird die Metalleiste passend abgesägt. Dann feilen Sie die scharfen Schnittkanten mit einer Metallfeile nach. Legen Sie jetzt die Leiste an die Stelle, wo sie montiert werden soll, und markieren Sie die Bohrpunkte am Boden exakt mit einem Filzstift. Spannen Sie je nach Bodenbelag, Holz oder Stein, entweder einen Stahlspiral- oder Steinbohrer in das Bohrfutter der Bohrmaschine ein.

5. – 6. Bei Steinböden müssen Sie in die Bohrlöcher 5-mm-Spreiz- oder Universaldübel einsetzen (siehe Grundkurse: »Nageln und Schrauben«). In Holzböden drehen Sie die Schrauben direkt in das Bohrloch ein. Geben Sie zuvor etwas Weißleim oder Alleskleber in das Bohrloch.

Nach dem Eindrehen der Schrauben prüfen Sie jede einzelne auf eventuelle Beschädigungen, die durch das Abrutschen des Schraubenziehers entstanden sein können. Spitze Kanten oder Ecken am Schraubenkopf müssen unbedingt glattgefeilt werden.

COMPACT PRAXIS
»do it yourself«

Jeder Band mit 120 Seiten, nur 19,80 DM

Anwenderfreundliche Komplettanleitung für alle wichtigen Heimwerkerarbeiten – jeder Band mit über 300 Abbildungen. Übersichtliche Symbole für Schwierigkeitsgrad, Zeitaufwand, Ersparnis und Werkzeuge – moderne Profitechniken für jedermann.

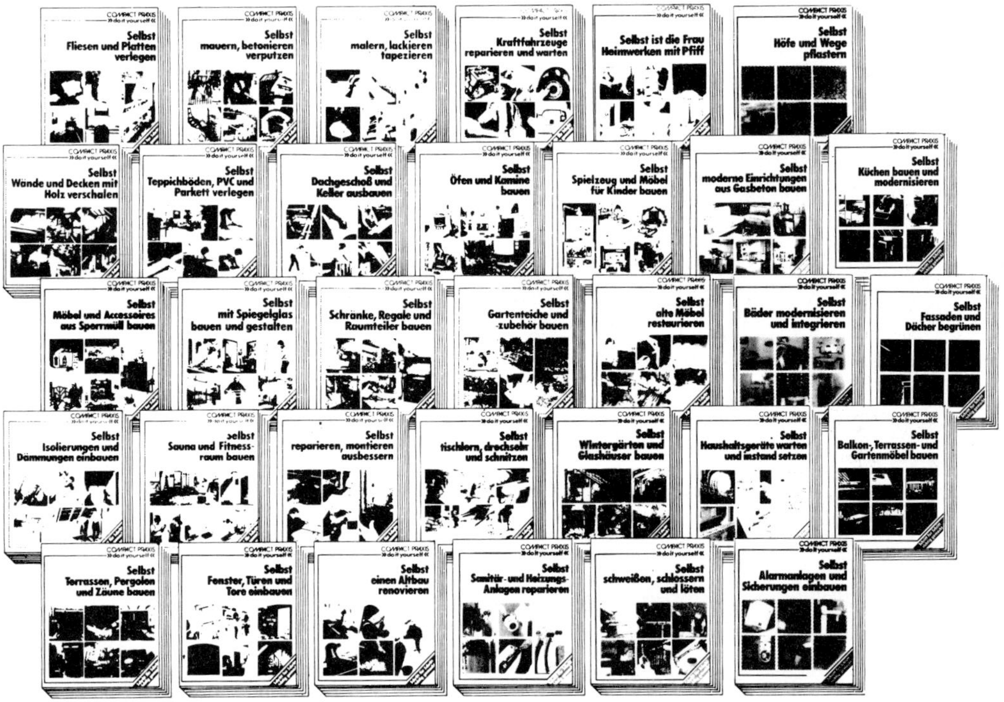

Compact Verlag GmbH • Züricher Str. 29 • 8000 München 71
Telefon 089/7 59 10 15 • Telex 17 897 125 • Teletex 897 125
Telefax 756 095

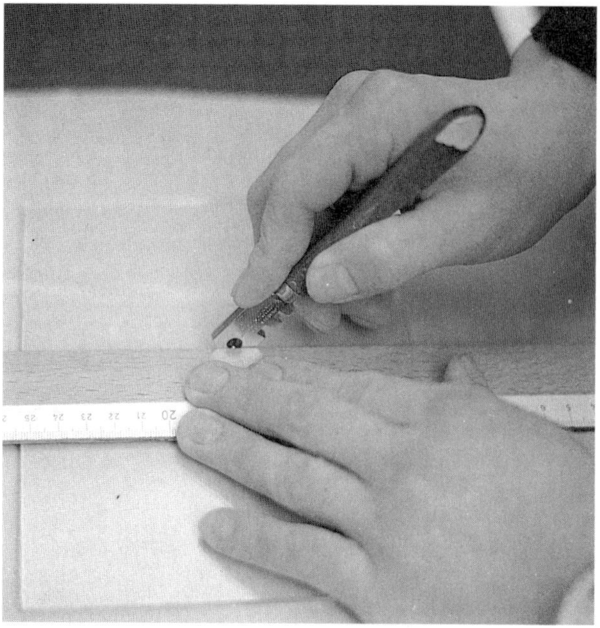

1

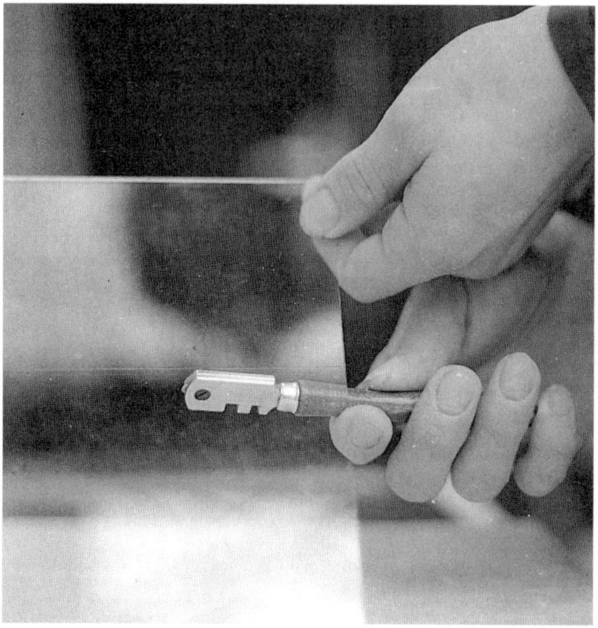

2

Glasscheiben selbst zurechtschneiden

Um eine kleine Fensterscheibe zu ersetzen, kann man vorhandenes Restglas verwenden. Man erspart sich dadurch die Bestellung und Abholung beim Glaser und natürlich auch die Glaskosten. Vor dem Einsetzen muß die Glasscheibe allerdings auf die richtige Größe zugeschnitten werden.

Sorgen Sie zuerst einmal für eine geeignete Unterlage. Am besten eignet sich dazu ein dünner Teppichrest, der verkehrt herum auf einen Tisch gelegt wird. Als zweites brauchen Sie einen Glasschneider mit einem scharfen Schneiderädchen, das Sie vor der Benutzung kurz in Universalöl tauchen können, um einen leichteren Gang des Rädchens zu erreichen.

1. Legen Sie nun die Glasplatte auf den Teppichrest und messen Sie die Schnittstelle mit einem Lineal aus. Ganz wichtig ist es, daß zwischen Arbeits- und Glasplatte keine Steinchen liegen, da das Glas beim Festhalten während des Schneidens brechen könnte. Legen Sie jetzt eine Führungsschiene, ein Lineal erfüllt den gleichen Zweck, exakt an die Schnittstelle. Setzen Sie nun den leicht zum Körper geneigten Glasschneider an der Führungsschiene an. Mit gleichmäßigem Druck führen Sie den Glasschneider zum Körper hin in einem Zuge auf der Glasfläche entlang. Fahren Sie beim Schneiden auf keinen Fall mit dem Glasschneider auf der Schnittlinie zurück, das Glas bekäme dadurch eine schlechte Bruchkante. Heben Sie nun die Glasplatte etwas an und legen Sie einen dünnen Holz- oder Metallstab etwa in Höhe der Schnittlinie auf den Teppich. Der Stab sollte länger als die Glasplatte sein.

2. – 4. Jetzt klopfen Sie mit dem Griffende des Glasschneiders an der Glasunterseite der Schneidelinie entlang. Legen Sie die Glasplatte nach dem Abklopfen sofort auf den Teppichrest zurück, richten Sie den Holzstab genau unter die Rißlinie und drücken Sie die Glasplatte zu beiden Seiten der Rißlinie herunter, so daß ein glatter und sauberer Bruch entsteht. Die Bruchkanten schleifen Sie anschließend mit Schleifpapier nach, um sich an der rauhen Kante keine Schnittverletzungen zuzuziehen.

5. – 8. Wenn Sie nur einen schmalen Streifen von der Glasplatte abschneiden wollen, läßt sich das auch einfacher durchführen. Voraussetzung dafür ist allerdings, daß sich am Kopf Ihres Glasschneiders sogenannte Brechkanten befinden. Markieren Sie zunächst wieder die Schnittstelle, ritzen Sie sie mit dem Glasschneider entsprechend ein und schlagen Sie anschließend mit dem Kopf des Glasschneiders die Ritzstelle leicht an. Fassen Sie nun mit der passenden Kerbe am Glasschneiderkopf (Kerbe je nach Scheibenstärke wählen) in die Glaskante.

Durch gefühlvolles Herabdrücken brechen Sie nun Stück für Stück des abzutrennenden Glasstreifens ab. Mit etwas Glück bricht der Glasstreifen sogar im Ganzen ab. Abschließend schleifen Sie die Schnittkanten wiederum mit Schleifpapier nach.

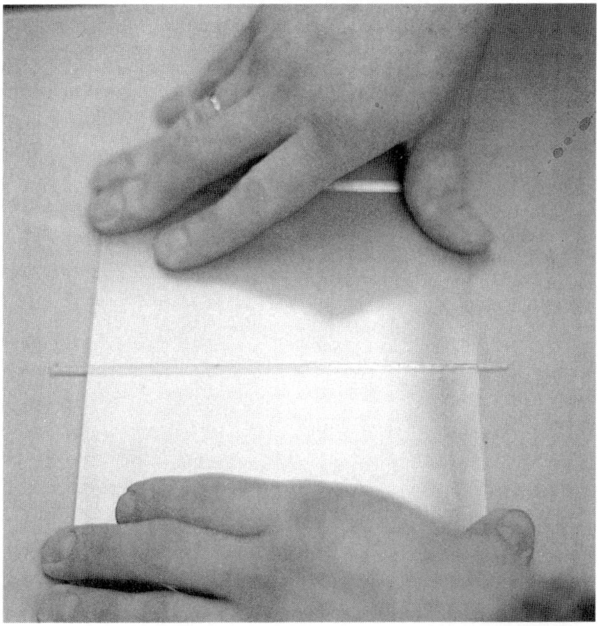

3

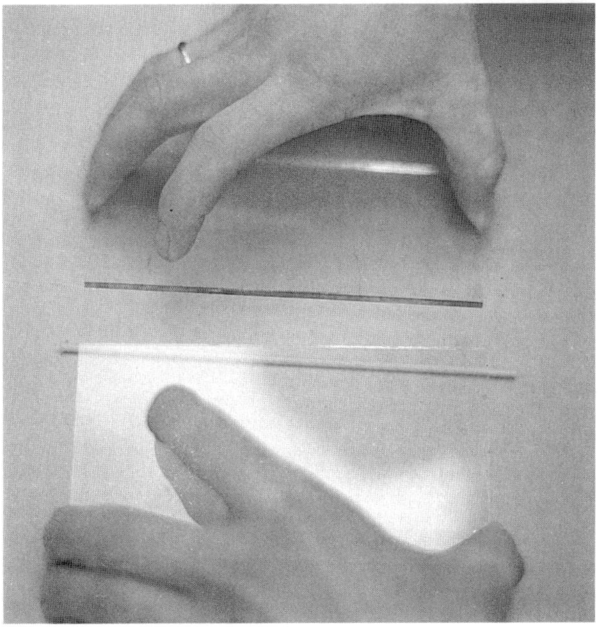

4

5

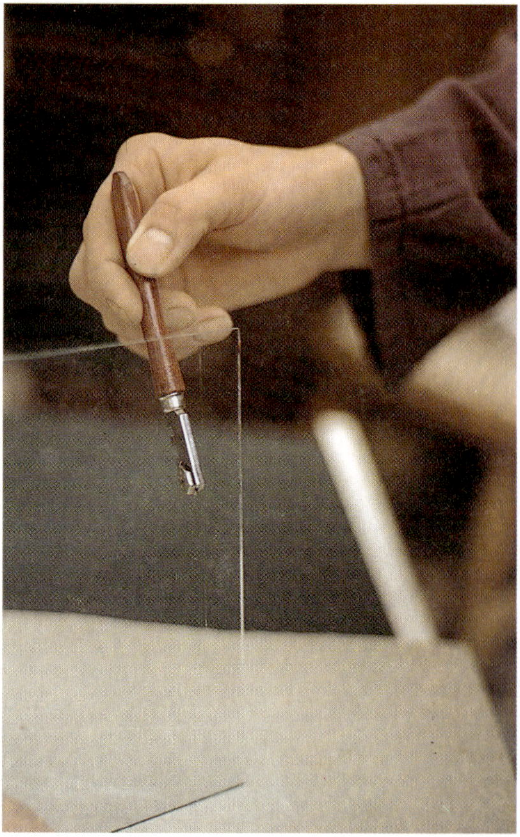
6

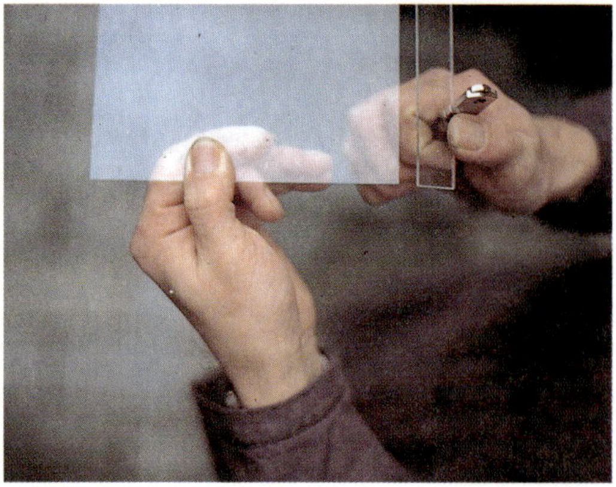
7

8

So ersetzen Sie eine gebrochene Fensterscheibe

Material
Fensterkitt, Glaserecken, Holzgrundierung, Lackfarbe, Kreppklebeband, alte Zeitung, neue Fensterscheibe.

Werkzeug

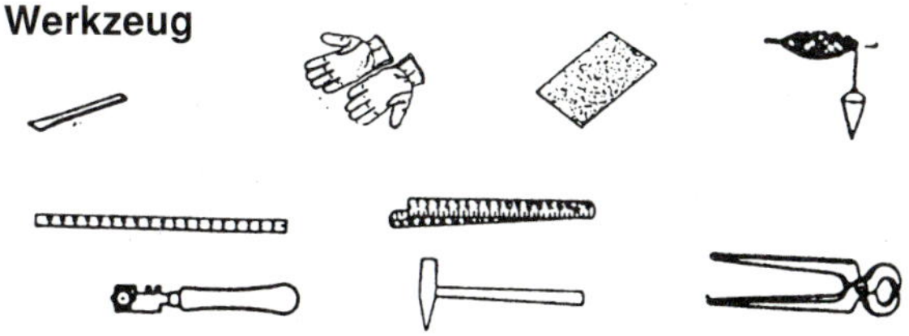

Schwierigkeitsgrad

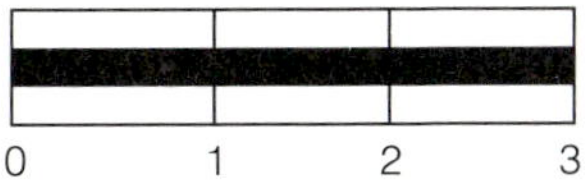

Kraftaufwand

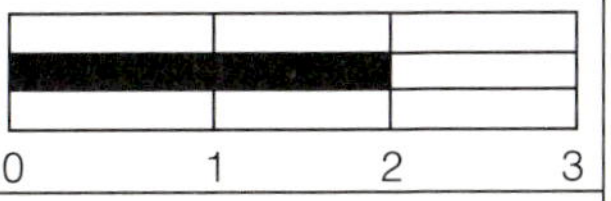

Arbeitszeit
Rechnen Sie mit etwa 1 1/2 bis 2 Stunden.

Ersparnis
Je nach Fenstergröße 80 DM bis 150 DM.

1

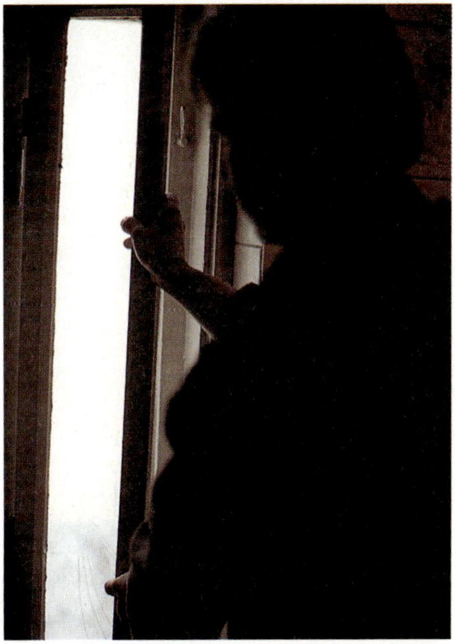

2

3

4

Arbeitsanleitung

1. Wenn eine Fensterscheibe zu Bruch gegangen ist, müssen Sie zuerst die Schadensstelle sichern, damit sich niemand an den scharfen Scheibenrändern verletzen kann. Am besten hängen Sie das Fenster gleich aus und reparieren es umgehend.

2. Zum Aushängen des Fensters muß der Fensterflügel aus den Bändern des Fensterrahmens gehoben werden. Hierzu öffnen Sie das Fenster etwa bis zur Hälfte und heben es vorsichtig ab. Wenn es sehr schwer geht, empfiehlt es sich, eine Brechstange unten am Fenster anzusetzen und es herauszustemmen.

Locker sitzende Scheibenstücke sollten Sie am besten vor dem Aushängen entfernen. Tragen Sie dabei auf alle Fälle feste Handschuhe, am besten aus Leder. Das ausgehängte Fenster legen Sie nun auf einen Tisch oder eine andere geeignete Arbeitsplatte, die Sie zuvor mit Zeitungspapier ausgelegt haben.

3. Entfernen Sie nun das alte Glas. Wenn sich im Fenster noch große Scheibenstücke befinden, legen Sie ein altes Handtuch darüber und schlagen das Glas mit einem Hammer ein.

4. In der Regel lassen sich nach Abnehmen des Handtuchs die Glasstücke aus der Nut herausnehmen.

5. Wenn der Kitt schon sehr alt und hart ist, müssen Sie die Glasscherben und den Kitt mit Stemmeisen und Hammer aus der Fuge herausschlagen.

Dabei müssen Sie aber unbedingt eine Schutzbrille tragen, um Augenverletzungen durch splitterndes Glas zu vermeiden. Das Fensterholz sollte möglichst nicht beschädigt werden. Die Fuge muß absolut frei und sauber sein, deshalb müssen auch alte, eventuell noch vorhandene Glasstifte mit einer Zange herausgenommen werden.

6. Das freiliegende Holz der Nut lassen Sie mit Holzgrundierung ein. Zum Ausmessen der neuen Scheibe können Sie bei sehr kleinen oder sehr schmalen Fenstern eine Schublehre verwenden. Meist ist jedoch ein Meterstab erforderlich, den Sie jeweils an der äußeren Fugenkante ansetzen. Ziehen Sie vom Maß etwa 2 bis 3 mm von jeder Seite ab. Da Holz arbeitet, das heißt, sich dehnen oder zusammenziehen kann, muß die Scheibe etwas kleiner sein, um bei Dehnung des Holzes nicht durch den entstehenden Druck zu zersplittern. Messen Sie lieber zweimal aus, denn es kommt auf Millimeter an. Nun bestellen Sie die neue Scheibe entsprechend der von Ihnen errechneten Maße. Um die richtige Glassorte zu bekommen, ist es am einfachsten, ein kleines Scherbenstück, das Sie gut in Zeitungspapier einwickeln sollten, zum Glaser mitzunehmen.

Für in der üblichen Weise verglaste Holzfenster wählen Sie am besten eine Glasstärke von 3 bis 4 mm. Je größer die Scheibenfläche ist, um so dicker sollte das Glas sein. Im Glaserfachgeschäft wird man Ihnen bei der Glaswahl sicher helfen können, wenn Sie den Verwendungszweck Ihrer Fensterscheibe angeben. Für Fenster mit Holzrahmen gibt es mehrere Glassorten, die Sie einsetzen können. In der Regel verwenden Sie die gleiche Sorte wie zuvor wieder. Vergessen Sie nicht, gleich Glaserkitt (für Holzrahmen Kitt auf Leinölbasis) und Glaserecken mitzubesorgen.

Wenn Sie die neue Scheibe besorgt haben, legen Sie sie zur Probe in die Nut. Falls sie gut paßt, können Sie sie wieder herausnehmen und zum nächsten Arbeitsgang übergehen. Sollten Sie sich vermessen haben und die Scheibe zu groß sein, müssen Sie diese mit einem Glasschneider genz genau nachschneiden (siehe Grundkurs).

7. – 8. Jetzt füllen Sie die gesamte Nut mit Kitt. Der Kitt muß dazu ziemlich weich sein, was Sie durch Kneten in der Hand erreichen. Anschließend drücken Sie den Kitt mit dem Daumen fest

5

6

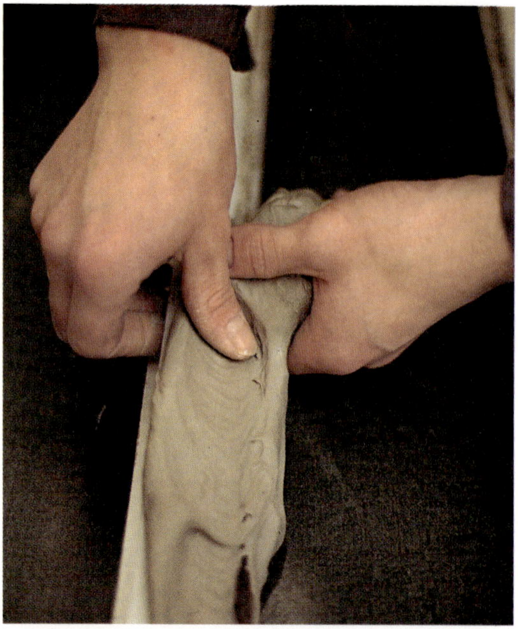

7

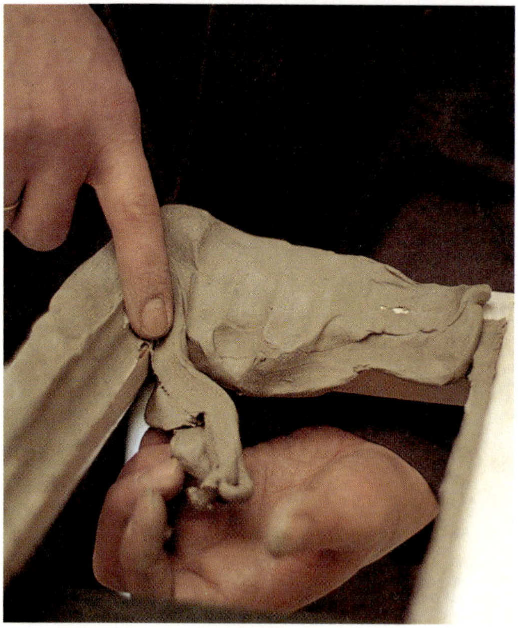

8

in die Nut. Jetzt setzen Sie die Scheibe in die Nut und drücken Sie fest in den weichen Kitt, aber nur an den Scheibenrändern, nicht in der Scheibenmitte andrücken! Etwa so weit, daß zwischen Glasscheibe und der Nut noch 2 bis 3 mm Kitt liegt. Tragen Sie auch hierbei unbedingt feste Handschuhe.

Wenn die Scheibe gut paßt und fest im Kitt sitzt, wird sie zunächst mit Glaserecken befestigt. Diese Glaserecken sind äußerst wichtig, da der noch weiche Kitt nur schwach belastbar ist. Durch die Glaserecken wird die Scheibe bis zum Aushärten des Fensterkitts im Rahmenfalz festgehalten. Damit Sie die flachen Glaserekken leichter in das Rahmenholz eintreiben können, nehmen Sie sich einen Schraubenzieher oder ein Stemmeisen zu Hilfe. Stellen Sie das Stemmeisen senkrecht auf die Scheibe auf und zwar so, daß die Rückseite des Stemmeisens an dem Glasereck anliegt. Treiben Sie nun, indem Sie vorsichtig mit dem Hammer auf die Vorderseite des Stemmeisens schlagen, die Glaserekken in das Rahmenholz ein. Die Glaserecken werden so weit ins Holz eingeschlagen, bis sie gut sitzen und vom später aufgetragenen Kitt verdeckt werden können. Also etwa 2 bis 3 mm am Rahmenholz herausstehen lassen. Arbeiten Sie beim Einschlagen sehr vorsichtig, damit Sie die Fensterscheibe nicht zerschlagen. Falls Sie keine Glaserecken zur Hand haben, lassen sich diese auch durch feine, rostfreie Stahlnägel ersetzen.

9. Anschließend drücken Sie eine weitere Schicht Kitt rundherum in die Kante zwischen Rahmenholz und Scheibe. Tragen Sie den gut durchgekneteten Kitt wiederum großzügig auf.

10. Den überschüssigen Kitt ziehen Sie nun mit einem Kittmesser ab, welches sich auch durch ein an der Spitze abgerundetes Messer ersetzen läßt. Setzen Sie das Kittmesser dazu in einem Winkel von 45 Grad an und ziehen es so bei leichtem Druck am Kitt entlang.

Ein Tip: Damit der Kitt nicht am Messer hängen bleibt, tauchen Sie das Messer des öfteren in Wasser ein.

Der Kitt, der an Scheibe und Rahmen herausgedrückt wurde, muß ebenfalls mit dem Kittmesser abgenommen werden. Wenn Sie eine saubere, glatte Fuge geschaffen haben, setzen Sie das Fenster wieder im Fensterstock ein. Lassen Sie den Kitt erst ein paar Tage anziehen, bevor Sie die Scheibe reinigen, da er in den ersten Tagen noch so weich ist, daß er sich bei Berührung leicht verformt. Nehmen Sie zum Reinigen einen feuchten Lappen ohne Reinigungsmittel und wischen Sie die Scheibe ab.

Nach zirka zwei Wochen hat sich die obere Schicht des Kitts gehärtet, während er innen noch immer etwas weich ist. In dieser Zeit bestreichen Sie den Kitt mit Lackfarbe. Durch das Überlackieren des noch nicht ausgehärteten Kitts verhindern Sie, daß er spröde wird und Risse bekommt. Ein Neuanstrich des Fensterrahmens läßt sich sowieso kaum verhindern, da der alte Lack beim Herausschlagen der Fensterscheibe zerkratzt wird oder abblättert.

Bevor Sie mit dem Lackieren beginnen, kleben Sie auf die Glasfläche an der Fugenkante rundherum Kreppklebeband. Wählen Sie zur Vereinfachung ein möglichst breites Band, dann brauchen Sie beim Lackieren nicht so vorsichtig zu arbeiten. Kleben Sie das Kreppklebeband nicht direkt an den Fensterkitt der Fugenkante. Lassen Sie zwischen Kitt und Kreppband einen gleichmäßigen Abstand von etwa 1 mm. Überstreichen Sie jetzt den Rahmen und den Kitt mit Lack, wobei in den Zwischenraum von Kreppband und Kitt ebenfalls Lack eingestrichen wird. Dadurch schaffen Sie ohne allzu großen Aufwand eine wetterfeste Schutzschicht zwischen Rahmen und Glasfläche. Lackspritzer auf der Fensterscheibe entfernen Sie, nachdem sie angetrocknet sind, am besten vorsichtig mit einer schräg angelegten Rasierklinge.

9

10

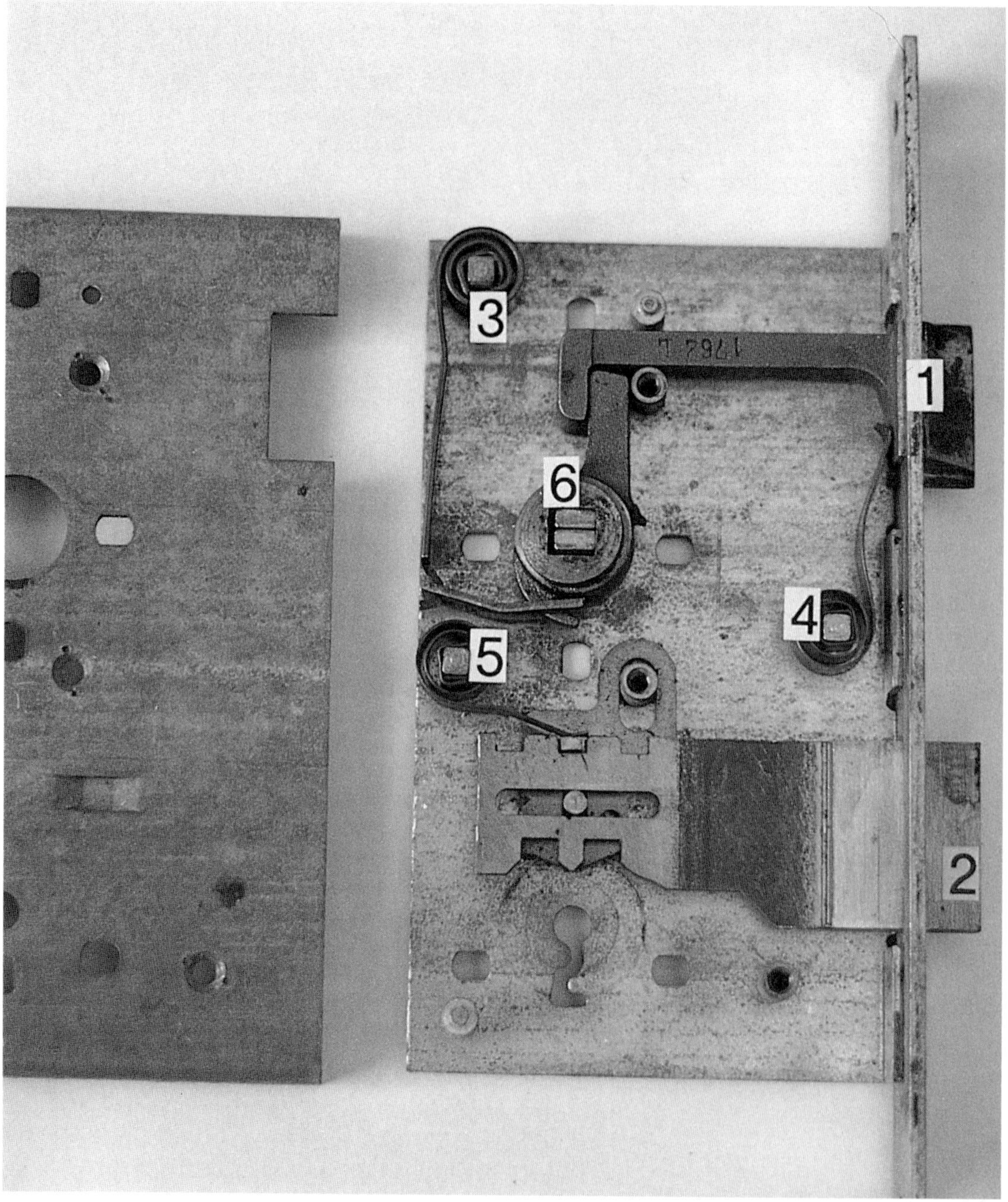

Das Innenleben eines Türschlosses

So wechseln Sie eine Metallfeder im Türschloß aus

Material
Neue Metallfeder für das entsprechende Türschloß.

Werkzeug

Schwierigkeitsgrad

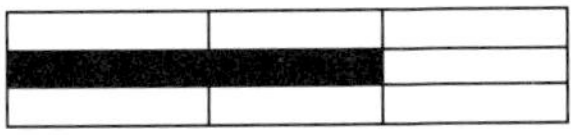

Kraftaufwand

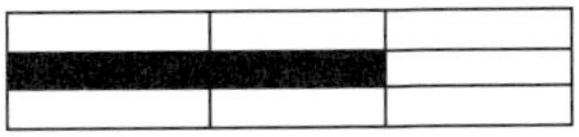

Arbeitszeit
Sie brauchen etwa 1 Stunde.

Ersparnis
Sie sparen rund 80 DM.

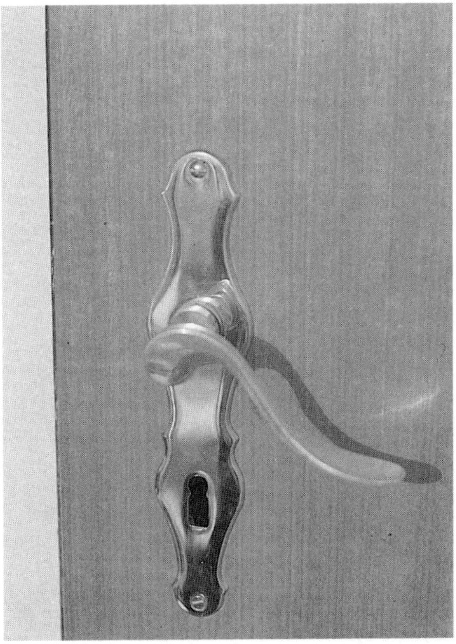

1

2

3

4

Arbeitsanleitung

1. Türschlösser, die regelmäßig gewartet werden, das heißt, geölt, geschmiert und gereinigt werden, sind selten reparaturanfällig. Jedoch kommt es hin und wieder vor, daß eine Metallfeder im Schloß verschleißt und bricht.

Am häufigsten ist die Feder abgebrochen, welche die Türklinke nach dem Herunterdrükken wieder nach oben transportiert. Sie wird Nußfeder genannt.

Einen Bruch der Nußfeder können Sie daran erkennen, daß die Klinke beim Loslassen unten liegen bleibt. Um sie auswechseln zu können, müssen Sie zuerst das Schloß ausbauen (siehe Grundkurs).

2. – 3. Anschließend schrauben Sie die Schloßabdeckplatte ab; dahinter wird das Innenleben des Schlosses sichtbar.

Auf dem Objektbild (S. 68) sehen Sie zur Verdeutlichung des Mechanismus die nummerierten Teile eines Buntbartschlosses:

1) Die Falle wird bei Betätigung des Türdrükkers bewegt, wodurch sich die Türe öffnen oder schließen läßt.

2) Der Riegel wird durch Umdrehen des Schlüssels in das Schließblech eingeschoben oder herausgezogen. Dadurch kann die Türe auf- oder abgeschlossen werden.

3) Nußfeder,

4) Fallenfeder,

5) Zuhaltungsfeder,

6) Nuß.

Ist eine der Metallfedern gebrochen, muß sie durch eine neue ersetzt werden. Da die meisten Schlösser vom Prinzip her ähnlich funktionieren, aber die Federn je nach Schloßgröße unterschiedlich sind, besorgen Sie sich die neue Feder in einem Schloßfachgeschäft, wobei Sie die defekte Feder als Muster mitnehmen.

Merken Sie sich aber für später ganz genau, in welcher Stellung die Feder eingesetzt war.

Das Einsetzen der neuen Feder sieht auf den

ersten Blick wesentlich einfacher aus, als es tatsächlich ist. Sie muß nämlich nach dem Einsetzen gespannt werden, was dem Laien zum Verhängnis werden kann.

4. Es gibt mehrere Möglichkeiten, eine Feder zu spannen. Am einfachsten ist es für den Heimwerker, erst einmal den Drückerstift, der mit einer der beiden Türklinken fest verbunden ist, senkrecht in den Schraubstock einzuspannen. Er muß dabei etwa 2 bis 3 cm oben am Schraubstock herausstehen. Beachten Sie dabei, daß die Klinkenoberfläche nicht beschädigt wird, es darf nur der Stift und nicht die Klinke eingespannt werden.

5. Bringen Sie nun die Nuß am Schloß in die passende Stellung. Jetzt stecken Sie die Nuß zusammen mit dem Schloß auf den Drückerstift auf. Der Drückerstift sollte nach dem Aufsetzen etwa 5 mm an der Nuß überstehen.

Jetzt kommt der schwierigste Teil, das Spannen der Feder. Wie Sie auf dem Objektbild (S. 68) sehen, ist der untere Arm der Nuß mit der Nußfeder durch ein Verbindungsstück verknüpft. Dieses Verbindungsstück haken Sie jetzt an der linken Seite am unteren Arm der Nuß in dessen Kerbe ein.

6. In die rechte Auslochung des Verbindungsstücks muß nun der Federarm eingehakt werden, um die Feder zu spannen.

Wer viel Kraft in den Händen hat, kann die Feder mit den Fingern einhaken, was allerdings nicht gerade leicht ist.

Wesentlich einfacher und kraftschonender geht es, wenn Sie die Feder unter Zuhilfenahme einer senkrecht aufgestellten Flachfeile in das Verbindungsstück einsetzen. Um die Nuß brauchen Sie sich dabei nicht mehr zu kümmern, sie wird ja durch den eingespannten Druckstift festgehalten.

Zum Abschluß schrauben Sie nur noch die Deckplatte des Schlosses an und setzen das Schloß wieder in die Tür ein.

5

6

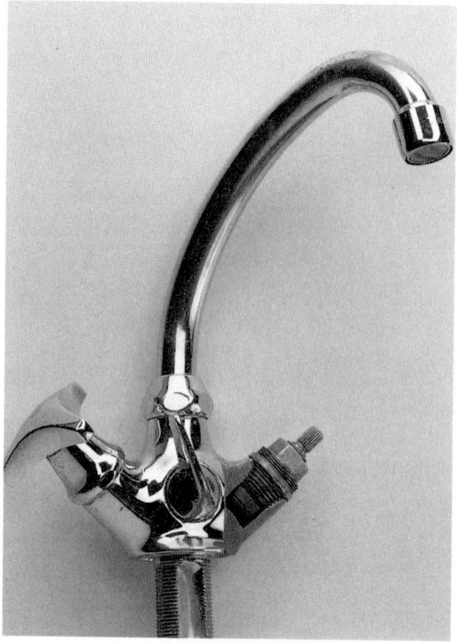

1

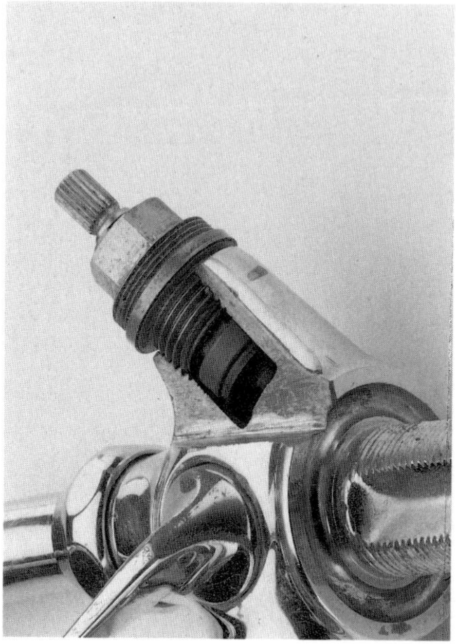

2

So reparieren Sie einen tropfenden Wasserhahn

Material
Gummidichtung, Armaturenfett.

Werkzeug

Schwierigkeitsgrad

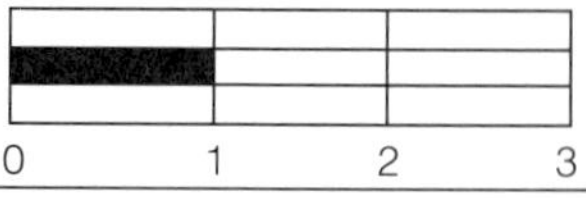

Kraftaufwand

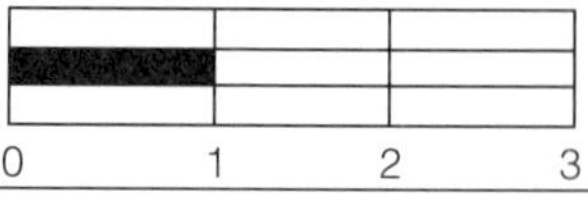

Arbeitszeit
Für diese Arbeit benötigen Sie etwa 20 Minuten.

Ersparnis
Sie ersparen sich einen Installateurbesuch, also rund 50 DM.

Ein tropfender Wasserhahn ist nicht nur nervenaufreibend, sondern auch kostspielig. Die Ursache des Tropfens liegt an einer Dichtung, die sich am unteren Ende des Ventils in der Armatur befindet. Sie kann abgenützt sein oder aufgrund von Ablagerungen auf dem Ventilsitz liegen. Da die Dichtung somit beim Abstellen des Wassers nicht mehr plan auf dem Dichtungssitz aufliegt, fließt zwischen Dichtung und Dichtungssitz Wasser. Es tropft aus dem Auslaufhahn. Vor der Reparatur müssen Sie zuerst die Wasserzufuhr zur Armatur abstellen, und zwar durch Zudrehen der Eckventile unter dem Waschbecken oder des Wasserabsperrhahns der Wohnung. Prüfen Sie, ob noch Wasser fließt. Erst wenn kein Wasser mehr läuft, können Sie mit der Reparatur beginnen.

Arbeitsanleitung

1. – 2. Als erstes müssen Sie den Griff abnehmen. Er löst sich je nach Fabrikat durch einfaches Abziehen oder ist nach Lösen der Befestigungsschraube abnehmbar. Ist dies nicht möglich, löst er sich beim Aufschrauben der Schutzkappe. Das nun sichtbar gewordene Ventil, wird mit einem Gabelschlüssel in Richtung gegen den Uhrzeigersinn herausgedreht. Am unteren Ende des Ventils befindet sich die auszuwechselnde Dichtung.

3. Zum Auswechseln der Dichtung halten Sie das Ventil am Gewinde mit der Hand fest und schrauben die Befestigungsmutter mit einer Kombizange ab. Jetzt läßt sich die Dichtung unter Zuhilfenahme eines Schraubenziehers herausheben. Säubern Sie nun alle Innenteile des Hahns und das Ventil mit einem festen Lappen.

4. Ist das geschehen, setzen Sie die neue Dichtung ein und schrauben sie fest. Vor dem Wiedereinschrauben des Ventils fetten Sie die Gewinde noch mit Armaturenfett, und zwar nur mit solchem, ein. Montieren Sie nun wieder die Schutzkappe und den Griff.

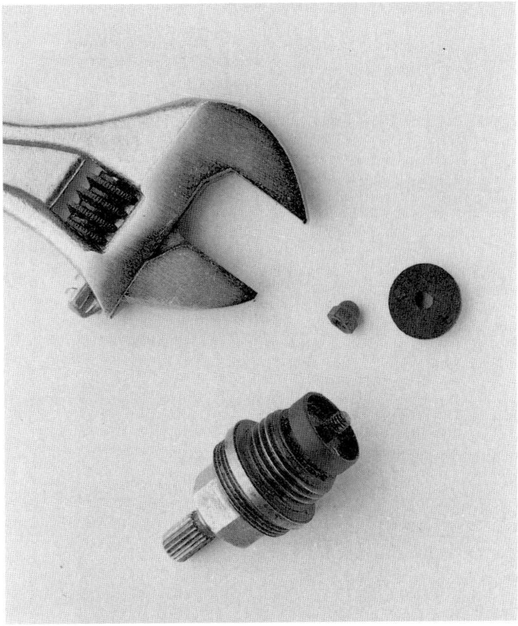

3

4

1

2

3

4

So reparieren Sie eine Einhandmischbatterie

Material
Armaturenfett, 1 Kartusche mit Dichtungsscheiben.

Werkzeug

Schwierigkeitsgrad

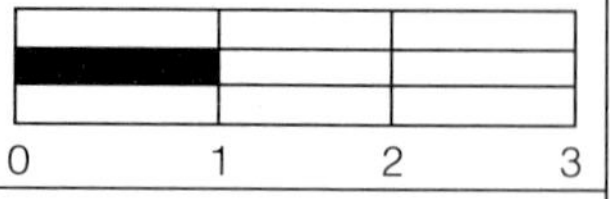

Kraftaufwand

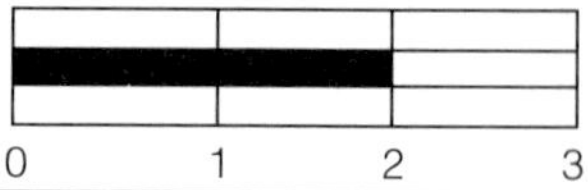

Arbeitszeit
Für das Auswechseln der Kartusche benötigen Sie etwa 1 Stunde.

Ersparnis
Durch Ihre Eigenleistung sparen Sie etwa 50 DM an Klempnerkosten.

Qualitativ hochwertige Einhandmischbatterien enthalten als Dichtungselement Keramikscheiben. Diese sind weniger reparaturanfällig als Kunststoffdichtungen. Die Keramikscheiben werden beim Bedienen des Mischhebels gegeneinander verdreht, wodurch sich die Wassertemperatur stufenlos regeln läßt. Die Scheiben werden bei der Herstellung satzweise aufeinander eingeschliffen. Sie sind daher auch nicht zu reparieren. Deshalb muß bei einem tropfenden Einhebelmischer der gesamte Dichtungssatz (Kartusche) ausgewechselt werden. Um an die Kartusche heranzukommen, gibt es je nach Fabrikat sehr unterschiedliche Möglichkeiten.
Vor Beginn der Arbeit muß die Wasserzufuhr an den Eckventilen unter dem Waschbecken oder am Hauptabsperrhahn der Wohnung abgestellt werden. Solange noch Wasser läuft darf nicht gearbeitet werden.

Arbeitsanleitung

1. Als erstes entfernen Sie den Griff. Am häufigsten läßt sich der Griff durch Lösen einer Schraube abnehmen. Sie wird sichtbar, wenn Sie den Mischhebel ganz hochziehen oder die Plastikkappe am Griff mit einem kleinen Schraubenzieher ablösen.

2 – 3. Haben Sie die Schrauben herausgedreht, läßt sich der Griff abnehmen.
Darunter wird eine Schutzkappe sichtbar. Diese können Sie mit der Hand abdrehen oder abziehen. Am unteren Rand der Schutzkappe befindet sich ein Dichtungsring, den Sie am besten samt Kappe gleich unter fließendem Wasser reinigen.
Um die jetzt sichtbar gewordene Kartusche aus der Armatur zu lösen, lockern Sie deren Befestigungsring mit einer Armaturenzange und schrauben sie anschließend mit der Hand ab.

4. Jetzt können Sie die Kartusche aus der Armatur herausnehmen. An deren Unterseite sind nun drei Öffnungen zu erkennen. Die beiden kleinen Öffnungen sind für den Zulauf von Warm- und Kaltwasser, durch die große Öffnung fließt das gemischte Wasser in den Auslauf des Wasserhahns.
Tauschen Sie die alte Kartusche gegen eine neue aus. Da es diese Kartuschen in unterschiedlichen Größen gibt, ist es ratsam die ausgebaute alte Kartusche als Muster zum Kauf der neuen mitzunehmen.
Bevor Sie die neue Kartusche einsetzen, müssen Sie das Innere der Mischbatterie reinigen. Nehmen Sie dazu ein in Essig getränktes Tuch und reiben Sie damit die Innenflächen und die Gewindestellen aus. Durch den Essig lösen sich die feinen Kalkablagerungen besonders gut und umweltfreundlich. So läßt sich der Befestigungsring der Kartusche später leicht eindrehen. Anschließend reiben Sie mit einem trokkenen Tuch nach.
Haben Sie das erledigt, setzten Sie die neue Kartusche in die Armatur ein. Dann schrauben Sie den Befestigungsring mit der Hand auf, wobei Sie dessen Gewinde zuvor mit Armaturenfett einfetten. Mit der Wasserpumpenzange ziehen Sie den Ring wieder fest an. Jetzt drükken Sie die Schutzhaube wieder an die Armatur auf. Anschließend müssen Sie nur noch den Griff anschrauben. Stellen Sie dazu den Haltegriff an der Kartusche nach hinten. Drehen Sie die Befestigungsschraube in das Schraubenloch am Griff mit ein bis zwei Umdrehungen ein, gerade so weit, daß sie hält. Jetzt stecken Sie den Griff auf den Haltestift der Kartusche und ziehen die Schraube fest an. Anschließend müssen Sie nur noch den Wasserlauf an den Eckventilen oder am Haupthahn öffnen.
Zum Abschluß reinigen Sie die Chromteile der Armatur. Geben Sie dazu ebenfalls etwas Essig auf einen Lappen und reiben Sie damit Kalkflecken ab. Hinterher nochmals mit einem nassen Lappen nachreiben, abtrocknen und der Einhebelmischer glänzt wieder wie neu.

1

2

So wechseln Sie eine Ablaufdichtung am WC-Spülkasten

Material

Dichtungsscheibe, Armaturenfett, Essig.

Werkzeug

Schwierigkeitsgrad

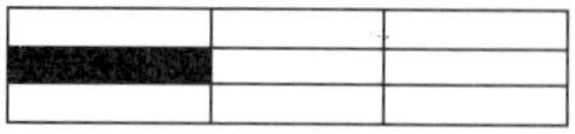

0 1 2 3

Kraftaufwand

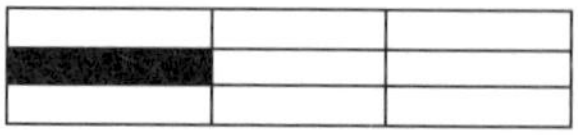

0 1 2 3

Arbeitszeit

Sie benötigen ungefähr 15 Minuten.

Ersparnis

Sie sparen rund 20 DM.

Vorab eine kurze Erklärung zur Funktionsweise eines WC-Spülkastens:
Beim Betätigen des Spülhebels wird eine Dichtungsscheibe, die sich im Inneren des Spülkastens am Wasserauslauf befindet, abgehoben. Dadurch fließt das Wasser in die Toilettenschüssel ab. Hat sich der Spülkasten ganz entleert, schließt die Dichtung wieder und verhindert so, daß weiter Wasser einläuft. Gleichzeitig wird über ein Gestänge das Wassereinlaufventil geöffnet, und es fließt neues Wasser in den Spülkasten.
Wenn ständig das Wasser in der Toilette läuft, ohne daß die Spültaste gedrückt wurde, liegt ziemlich sicher eine Störung im Bereich des Spülkastenwasserablaufs vor. Möglicherweise ist die Dichtungsscheibe an der Glocke aufgequollen oder abgenutzt. Andernfalls haben sich Kalkablagerungen am Dichtungssitz gebildet, wodurch die Dichtung beim Schließen nicht mehr plan aufliegen kann. In beiden Fällen muß die Glocke aus dem WC-Spülkasten ausgebaut werden.

Arbeitsanleitung

1. Um die Glocke ausbauen zu können, nehmen Sie zunächst den Deckel vom Spülkasten ab. Stellen Sie zuvor den Wasserzulauf am Eckventil des Spülkastens oder am Hauptabsperrhahn der Wohnung ab.
Der Deckel läßt sich in der Regel einfach abziehen. Lassen Sie nun durch Drücken der Spülungstaste das sich noch im Spülkasten befindliche Wasser ab.

2. Etwa in der Mitte des Spülkastens können Sie die Glocke, an der sich die auszuwechselnde Dichtung (Gummiring) befindet, erkennen. Sie läßt sich entweder durch Herausdrehen oder durch Ausrasten von Klemmen aus dem Spülkasten herausnehmen.

3. Die am unteren Ende der Glocke angebrachte Dichtung läßt sich sehr leicht mit der Hand abziehen.

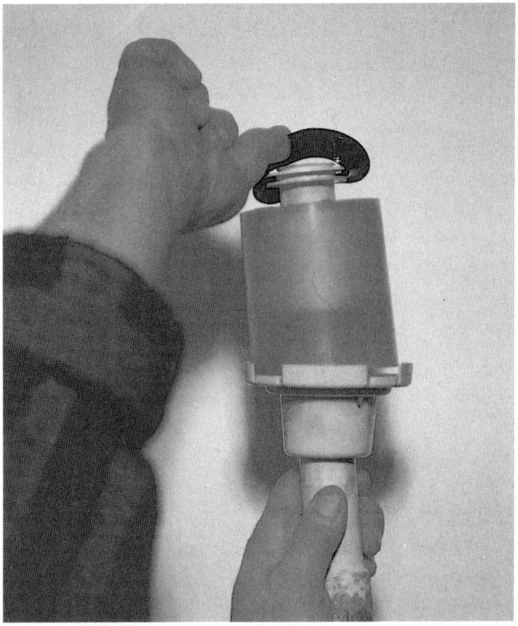

3

Nun reinigen Sie alle ausgebauten Teile unter fließendem Wasser. Dabei lösen sich die Kalkteilchen meist leicht ab. Wenn nicht, legen Sie die Teile etwa fünf Minuten in ein Essigbad. Prüfen Sie den Gummiring auf Beschädigungen. Ist er noch elastisch und unbeschädigt, kann er wieder auf die Glocke aufgezogen werden, andernfalls muß er durch einen neuen ersetzt werden. Reinigen Sie den Ventilsitz am Auslauf des Spülkastens ebenfalls mit Essig. Jetzt können Sie die Glocke in den Kasten einbauen, den Wasserabsperrhahn aufdrehen und somit die Spülung wieder benutzen.
Nicht immer ist allerdings die Glockendichtung, besser eine der beiden Glockendichtungen defekt, sondern die Dichtung vom Wasserzulauf. Das erkennt man, wenn das Wasser im Kasten über die Glocke läuft. Dann muß die Wasserzulaufdichtung ausgewechselt werden.

1

2

So reparieren Sie Treppen und Geländer selbst

Material
Schnellzement, Kunstharzspachtelmasse, Schrauben, Dübel, Eckkantenleiste, Holzkitt, Lackverdünner.

Werkzeug

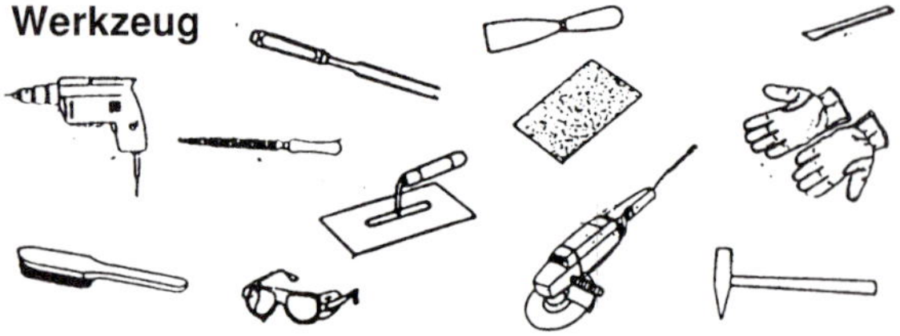

Schwierigkeitsgrad

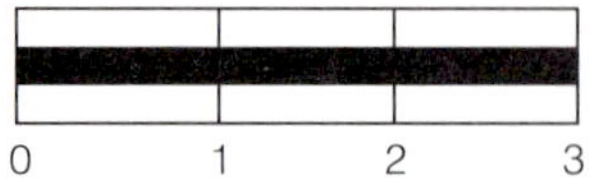

Kraftaufwand

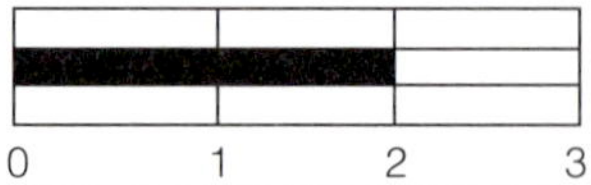

Arbeitszeit
Je nach Art des Schadens 2 bis 3 Stunden.

Ersparnis
Je nach Schaden 100 DM bis 200 DM.

Durch jahrelanges Begehen der Treppen werden die Stufen ausgetreten, rutschhemmende Profilleisten abgerissen oder durch herabfallende Zigaretten Brandlöcher verursacht. Abgesehen von der Unansehnlichkeit solcher Treppen, ist deren Benutzung auch mit wachsenden Gefahren verbunden. Eine weitere Verletzungsgefahr entsteht durch gesplitterte Treppengeländer. Diese Risse sollten sofort repariert werden, da man sich beim Festhalten am Geländer böse Hautverletzungen zuziehen kann.

Arbeitsanleitung
Steintreppen ausbessern

1. Eine so stark beschädigte Steintreppe hätte schon längst repariert werden müssen. Besonders die vom Rost zerfressene Eckleiste ist gefährlich und muß unverzüglich erneuert werden.

2. Entfernen Sie zunächst die noch vorhandenen Befestigungsschrauben. Da diese meist auch schon so stark vom Rost befallen sind, daß die Schraubenköpfe beim Herausdrehen leicht abbrechen, lösen Sie die Leiste mit einem Brecheisen. Wenn sich die Eckleiste abheben läßt, greifen Sie die Schraubenreste mit einer Kombizange oder einer Wasserpumpenzange und drehen sie heraus. Falls dieses nicht gelingt, weil die Schrauben beim Herausdrehen durch die starke Verrostung an den Gewindestellen abbrechen, schleifen Sie sie mit einer Eisenfeile so kurz wie möglich ab. Hierzu können Sie auch eine Winkelschleifmaschine (Flex) benutzen. Da hierbei durch abgesplitterte Metallstücke Augenverletzungen verursacht werden können, ist es unbedingt notwendig, eine Schutzbrille aufzusetzen. Haben Sie die Eckleiste entfernt, untersuchen Sie die Stufenkante auf lose Steinstücke und entfernen diese gegebenenfalls mit Hammer und Meißel.

3. Jetzt reinigen Sie die gesamte Schadensstelle mit einer starken Bürste, am besten mit einer Drahtbürste. Anschließend können Sie den Steinstaub mit einem Staubsauger absaugen.

3

4

5

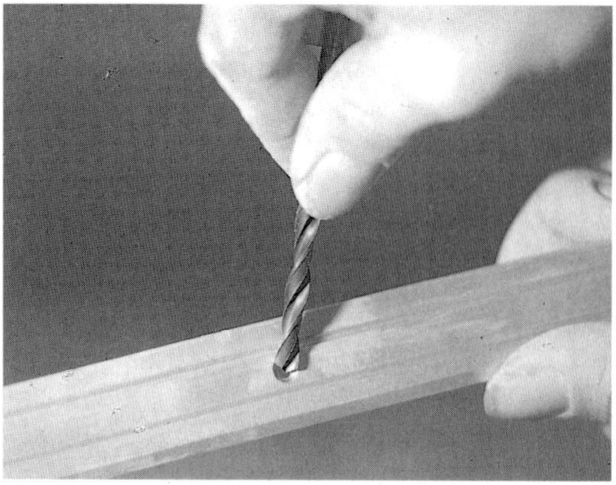
6

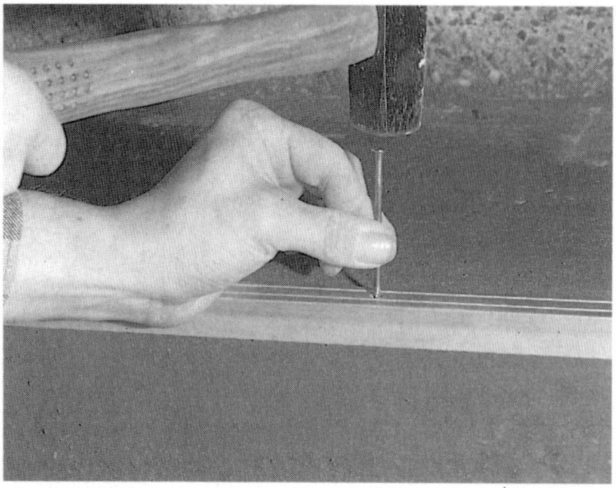
7

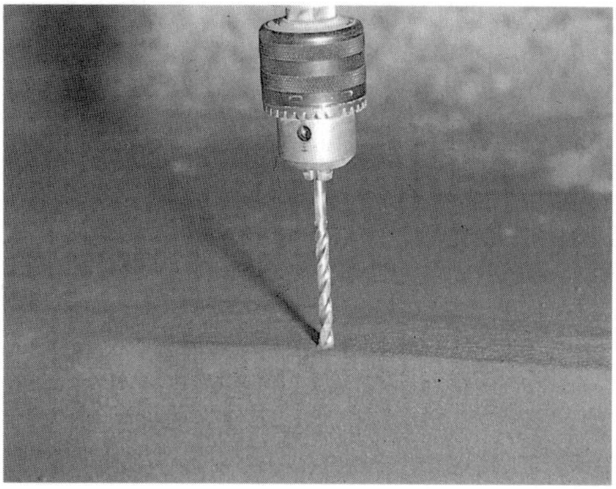
8

4. – 5. Zum Ausfüllen der Stufenkante können Sie handelsüblichen Zement verwenden. Dafür müßten Sie aber eine aufwendige Verschalung montieren. Außerdem würde durch die lange Aushärtungszeit die Reparatur erheblich verzögert werden. Wesentlich einfacher und schneller geht es mit Schnellmörtel, vorausgesetzt, man hat schon etwas Übung damit. Zum Füllen der angebrochenen Stufenkante legen Sie einen Stahlglätter exakt senkrecht zur Stufenvorderkante an. Den angerührten Schnellmörtel füllen Sie mit einem Spachtel in die Stufenkante ein und glätten die Oberfläche. Mit einem Pinsel und Wasser schleifen Sie die Oberfläche fein ab, das muß allerdings geschehen, bevor der Mörtel angezogen hat. Zügiges Arbeiten ist Voraussetzung für gutes Gelingen.

6. Wenn der Mörtel ausgehärtet ist, schneiden Sie die neue Eckleiste entsprechend der Stufenlänge ab. In gleichmäßigen Abständen von etwa 15 cm markieren Sie nun die Schraubenlöcher. Jetzt bohren Sie die Löcher mit der Bohrmaschine aus. Dazu spannen Sie einen Stahlspiralbohrer mit 2 mmDurchmesser in das Bohrfutter der Bohrmaschine. Um leichter punktgenau bohren zu können, sollten Sie die Bohrmaschine im Bohrständer einspannen. Achten Sie beim Bohren darauf, daß der Bohrer nicht heißläuft, da er beim Heißwerden abstumpft. Weil zur Befestigung der Leiste später stahlverzinkte oder vermessingte Senkkopfschrauben verwendet werden, vertiefen Sie das Bohrloch vorsichtig mit einem etwas stärkeren Bohrer oder einem Ansenker. So kann der Schraubenkopf beim Eindrehen in die Leiste ganz versenkt werden.

7. Jetzt setzen Sie die Eckleiste passend zur Stufenkante an, um die Bohrlöcher für die Bohrung an der Treppe zu markieren. Benutzen Sie dazu einen Filzstift oder einen Nagel.

8. Nehmen Sie einen Steinbohrer mit 6 mm Durchmesser und eine Bohrtiefe von 40 bis 45 mm.

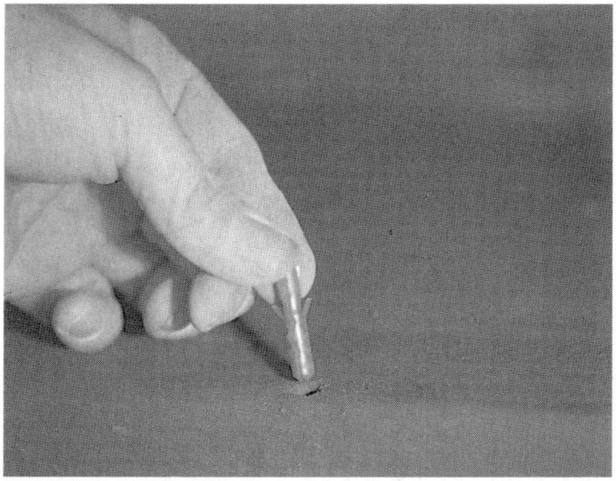

9

10

11

12

13

14

15

16

17

9. Anschließend setzen Sie in die Bohrlöcher der Stufenkante je einen 6-mm-Spreizdübel, den Sie mit dem Hammer ganz einschlagen.

10. Legen Sie die Eckleiste an und schrauben Sie die Senkkopfschrauben durch die Leiste in die Dübel ein und ziehen sie fest. Passend zur Farbe der Eckleiste verwenden Sie entweder silberfarbene, verzinkte oder goldfarbene, vermessingte Schrauben.

Holztreppen ausbessern

11. – 12. Zuerst müssen Sie das abgesplitterte Holz der Treppenkante mit einem Stemmeisen oder einer Holzraspel entfernen. Kleine Schadstellen an der Trittfläche schleifen Sie mit einem grobkörnigen Sandpapier aus. Sie können die beschädigte Stufenkante auf zwei verschiedene Arten ausfüllen.

13. Nageln Sie entweder eine gerade Holzplatte an die Stufenkante an, streichen Sie anschließend die Füllmasse (Holzkitt oder Kunstharz) ein und glätten sie flächeneben. Sie müssen allerdings später die Nagellöcher an der Stufe ebenfalls ausfüllen.

14. Oder Sie halten bei der Steintreppe die Glättkelle senkrecht an die Stufenkante an und füllen zwischen Kelle und beschädigter Stufenkante Kunstharzspachtelmasse ein.

15. Anschließend glätten Sie die Masse mit einem Spachtel. Wegen ihrer langen Aushärtungszeit läßt sich Kunstharzspachtelmasse leicht und sauber verarbeiten.

16. Nach dem Aushärten der Spachtelmasse schleifen Sie sie mit feinem Schleifpapier plan zu der Holzoberfläche der Stufe ab.

17. Abschließend können Sie die Ausbesserungsstelle entsprechend der Holzbehandlung der Stufen beizen, lackieren, mattieren oder streichen. Um die Stufenkante vor neuen Beschädigungen besser zu schützen und eine bessere Rutschsicherheit zu gewährleisten, montieren Sie Metallschienen mit rutschhemmender Oberseite.

18

19

20

21

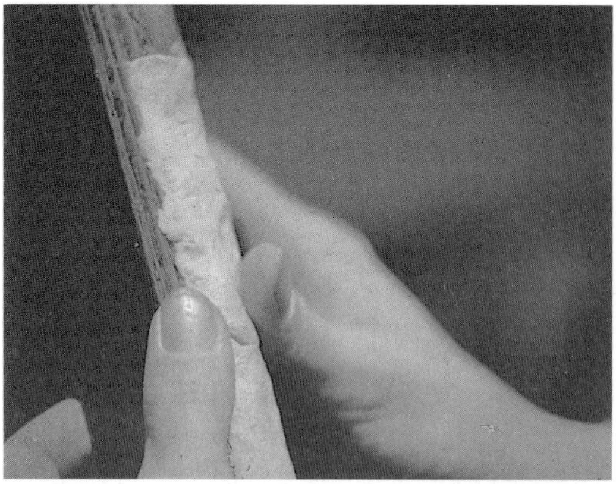

22

23

24

Ein Holztreppengeländer ausbessern

Der Handlauf am Holztreppengeländer darf keinerlei Risse oder Holzsplitter aufweisen, da die damit verbundenen Verletzungsgefahren sehr groß sind. Hautabschürfungen sind dabei meist noch das kleinere Übel. Darum muß ein Schaden unverzüglich repariert werden. Oft ist ein abgesplittertes Holzstück zum neu Aufleimen nicht mehr zu gebrauchen. Um eine Schadstelle dennoch sauber und sicher reparieren zu können, verwenden Sie am besten Holzkitt. Diese plastische, knetbare Masse ist in verschiedenen Holzfarben erhältlich. Bevor Sie den Kitt auftragen können, muß dieser durch Kneten modellierfähig gemacht werden.

18. – 19. Schwächen Sie die scharfkantigen Ränder an der Schadstelle mit einem Stemmeisen ab und entfernen Sie lose Holzfasern. Mit einer Bürste oder einem Staubsauger beseitigen Sie anschließend sämtlichen Holzstaub.

20. Als nächstes feuchten Sie die Schadstelle mit Lackverdünner leicht an.

21. Drücken Sie jetzt den weichen Holzkitt mit einer Spachtel fest in die auszubessernde Stelle. Bei tieferen Löchern tragen Sie den Kitt schichtweise auf. Legen Sie dazu eine 2 bis 3 mm starke Kittschicht auf und drücken Sie diese mit der Spachtel fest an. Nach etwa 2 Stunden ist der Kitt abgetrocknet und Sie können die nächste Schicht auftragen.

22. – 24. Die oberste Schicht wird nach dem Auftragen entsprechend der Form des Handlaufs mit den Fingern modelliert. Dazu müssen Sie nicht besonders geschickt sein, da der überstehende Holzkitt nach dem Aushärten zurechtgeschliffen werden kann. Holzkitt hat nämlich den großen Vorteil, daß er sich nach dem Trocknen wie rohes Holz verhält und dementsprechend nachgearbeitet werden kann. So können Sie die Reparaturstelle nach dem Abschleifen wahlweise lackieren, beizen oder überstreichen.

So reparieren Sie Türschäden

Material
Beilagscheiben, Graphitpulver, Schleifpapier, Zündhölzer, Weißleim, Universalöl, Mehrzweckfett.

Werkzeug

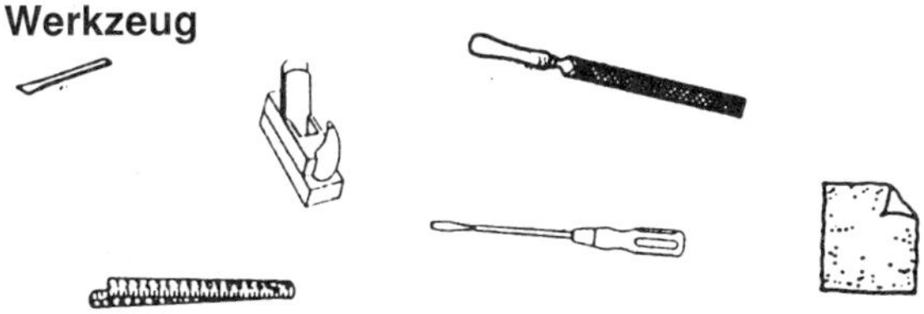

Schwierigkeitsgrad

Kraftaufwand

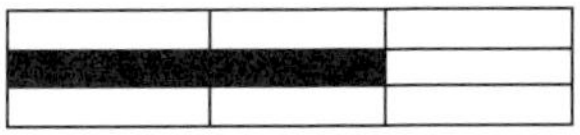

Arbeitszeit
Sie benötigen etwa 1 Stunde.

Ersparnis
Sie ersparen sich einen Schreinerbesuch, also etwa bis 50 DM.

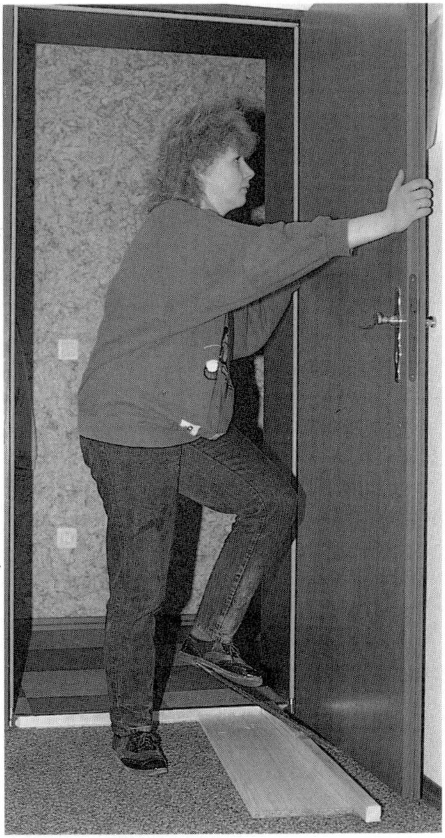

1

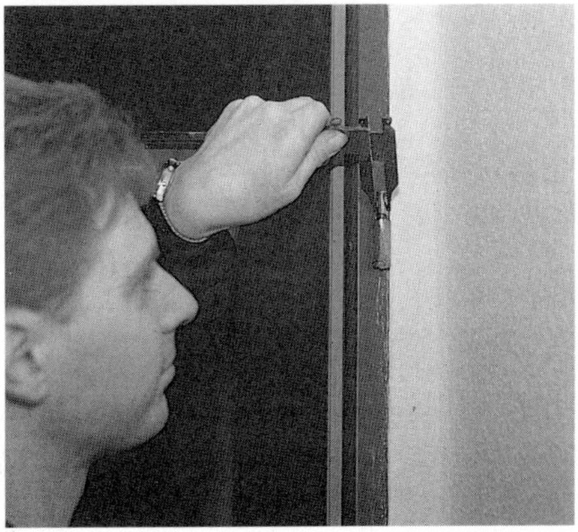

2

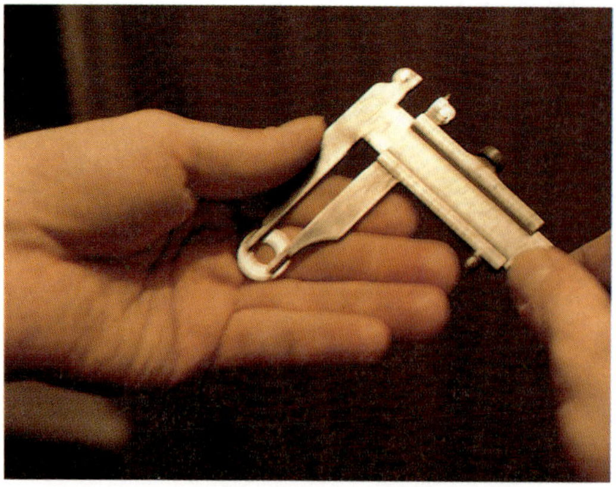

3

4

Wohnungstüren gehören mit zu den am meistbeanspruchten Gegenständen einer Wohnung. Daher ist es auch naheliegend, daß daran häufig Reparaturen oder Ausbesserungsarbeiten fällig werden. Dann beispielsweise, wenn die Türe klemmt, quietscht oder nach Renovierungsarbeiten am Bodenbelag streift. Auch Türschlösser werden nach gewisser Zeit reparaturanfällig. Da es sich meistens um kleine Schäden handelt, die Sie leicht selbst beheben können, können Sie sich das Geld für einen Schlosser- oder Schreinerbesuch leicht sparen. Obendrein sind diese Handwerker für so kleine Reparaturen oft schwer zu bekommen. Falls Sie doch das Glück haben, dafür einen Handwerker zu finden, wird die anschließende Rechnung allein durch die Anfahrtszeit, die mindestens 20 DM betragen wird, relativ hoch ausfallen, auch wenn die eigentliche Reparatur nur wenige Minuten dauert. Das für die Selbstausführung nötige Werkzeug hat der Heimwerker ohnehin schon in seiner Werkzeuggrundausrüstung.

Die Türe streift am Bodenbelag

Dies passiert häufig, wenn ein neuer Teppich verlegt wurde, der etwas dicker ist als der alte. Auch wenn die Türe nur leicht daran streift, sollte sofort etwas unternommen werden, da sich sonst beim Öffnen und Schließen die betroffenen Teppichstellen schnell abnützen.

Arbeitsanleitung

1. Zunächst prüfen Sie, ob zwischen dem Falz am Türstock und der Türe noch etwas Zwischenraum ist. Dies erkennen Sie, wenn Sie die Türe nur leicht öffnen. Ein Zwischenraum von etwa 2 bis 3 mm ist oft schon ausreichend. Ist das nicht der Fall, hängen Sie zuerst die Türe aus. Dazu müssen Sie die Türe weit öffnen, sie läßt sich dann mit den Händen von den Türbandzapfen herausheben. Bei schweren Türen, zum Beispiel Massivholz- oder Eisentüren, setzen Sie zum Herausheben eine Brechstange zwischen Boden und Türunterkante ein, außerdem sollte unbedingt ein Helfer beteiligt sein.

2. – 3. Um die richtige Lochgröße der Beilagscheibe zu ermitteln, messen Sie den Zapfendurchmesser am Türband des Türstocks mit einer Schublehre aus. Die passenden Beilagscheiben stecken Sie nun am oberen und unteren Türband über die Zapfen. Das Aufstecken der Beilagscheiben gleicher Stärke auf beide Türbandzapfen ist wichtig, damit das Gewicht der Türe gleichmäßig aufliegt. Um eine direkte Reibung und damit verbundenes Quietschen zu verhindern, geben Sie etwas Graphitpulver zwischen das Türband und die Beilagscheibe. Benützen Sie aber dazu keinesfalls Fett oder Öl, da sonst mit der Zeit die Schmierstellen durch Staub verdicken würden, was eine schwere Gängigkeit der Türe beim Öffnen und Schließen zur Folge hätte.

4. Schleift die Türe nach Einlegen der Beilagscheiben immer noch, oder ist zwischen Türe und Türstockfalz kein ausreichender Zwischenraum, muß die Türunterkante vorsichtig abgehobelt werden. Beachten Sie dabei, daß dies nur bei Vollholztüren problemlos vonstatten geht. Wenn Sie Erfahrung im Umgang mit einem Hobel haben und dieser eine scharfe Klinge besitzt, können Sie die Unterkante damit kürzen.

5. Einfacher geht es mit einem Elektrohobel, aber nicht jeder Heimwerker hat so ein Gerät.

Ein Tip: Viele Heimwerkerfachgeschäfte verleihen Elektrohobelmaschinen zu günstigen Mietpreisen tageweise.

Zum Abhobeln müssen Sie die Türe wiederum aushängen und entweder auf die Schloß- oder Türbandseite aufstellen. Falls Sie keine Hilfskraft zum Halten der Türe haben, setzen Sie die obere Türkante in eine Zimmerecke. Um dabei Schäden an der Tapete oder Wandfarbe zu verhindern, kleben Sie mit Klebeband um die Türkante Schaumstoffreste. Zum Abhobeln beispielsweise führen Sie den Elektrohobel von oben nach unten. Um eine gleichmäßige Spa-

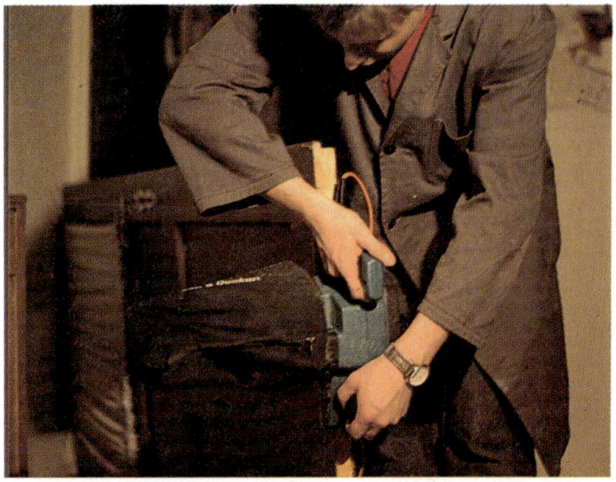

5

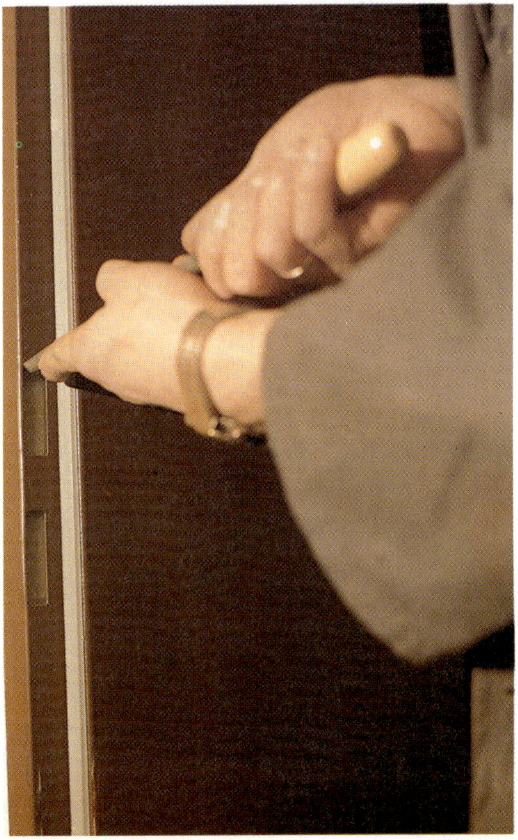

6

7

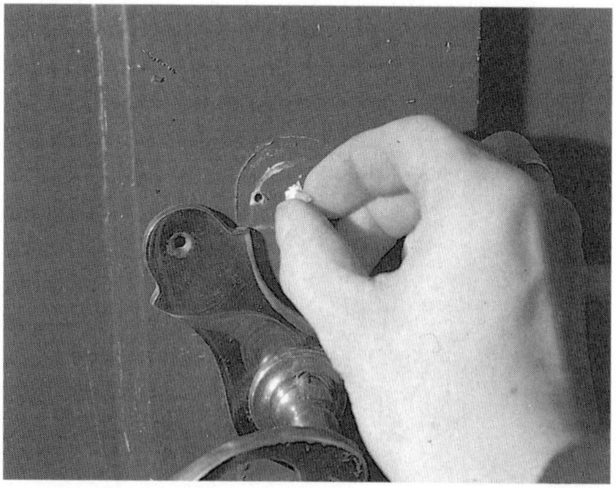

8

9

nabnahme zu erreichen, muß die Türe jedesmal, wenn Sie mit dem Hobel etwa die Kantenmitte erreichen, umgedreht werden.
Grundsätzlich sollten Sie die Hobelmaschine auf die geringste Spanabnahme einstellen und die Türe nach jedem Abhobelvorgang durch Einhängen am Türstock auf Paßgenauigkeit prüfen. Ist das Abhobeln beendet, schleifen Sie die Kante zuerst mit grobem, dann mit feinem Schleifpapier ab.

Schließblech nachfeilen

Durch das Einlegen der Beilagscheiben auf den Türbandzapfen wird die Tür angehoben. Der hierbei entstandene Höhenunterschied zwischen Türschloß und dem Schließblech am Türstock muß deshalb ausgeglichen werden, damit Riegel und Falle des Schlosses wieder im Schließblech einschnappen können.

6. Schleifen Sie dazu die Oberkanten der Schließblechschlitze mit einer groben Eisenfeile so weit zurück, bis die Falle beim Schließen leicht einschnappt und sich der Riegel beim Abschließen, ohne zu schleifen, in das Schließblech schiebt. Anschließend glätten Sie die Schleifstellen mit einer feinen Feile und brechen die Kanten. Schrauben Sie zum Nachfeilen das Schließblech vom Türstock ab.

Befestigungsschrauben am Türgriffbeschlag ersetzen

An der Außenseite von Wohnungseingangstüren sind in der Regel Türgriffe angebracht, die fest mit dem Beschlag verbunden sind. Der Beschlag ist mit zwei Schrauben an der Türe befestigt. Durch den ständigen Zug beim Schließen werden die Schrauben mit der Zeit locker oder reißen aus. Da der Beschlag weder nach oben, noch nach unten versetzt werden darf, da sonst der Schlüssel nicht mehr in das Schloß eingeschoben werden kann, müssen die Befestigungsschrauben wieder in dieselbe Stelle eingeschraubt werden. Die Schrauben finden dort aber meist keinen Halt mehr, besonders wenn das Holz schon etwas schwach ist. Um sie ohne großen Aufwand wieder an gleicher Stelle einzuschrauben, müssen die Schraubenlöcher ausgefüllt werden.

7. – 8. Füllen Sie Holzleim in die ausgeleierten Schraubenlöcher, in die Sie anschließend Zündhölzer (den Zündkopf vorher abbrechen) hineinschieben. Stecken Sie so viele Zündhölzer ein wie nur möglich und schneiden Sie die überstehenden Enden mit einem scharfen Messer bündig ab.

Schrauben Sie jetzt, solange der Leim noch feucht ist, die Befestigungsschrauben durch den Beschlag ein. Nach einer Aushärtungszeit des Klebers von etwa 1 Tag, kann der Türgriff wieder voll belastet werden.

Eine quietschende Tür ölen

Verursacht wird das Quietschen durch direktes Aufeinanderreiben des Metalls im Türband. Der Grund dafür ist der fehlende Schmierfilm zwischen Türbandzapfen und Rolle des Türbands. Um hierbei Abhilfe zu schaffen, muß der Türbandzapfen geölt oder gefettet werden.

9. Prüfen Sie zuerst, ob das Türband ein Ölloch besitzt. Wenn ja, ist das Ölen leicht. Sie müssen dann nur ein paar Tropfen Universalöl in das Ölloch träufeln und die Türe anschließend ein paarmal hin und her bewegen, damit sich das Öl gut verteilt. Wenn Sie während des Ölens ein Tuch darunterhalten, verhindern Sie, daß dabei Öl auf den Fußboden tropft.

10. Besitzt das Türband kein Ölloch, müssen Sie die Türe anheben, bis der Türbandzapfen etwa bis zur Hälfte sichtbar ist. Handelt es sich um eine leichte Türe, geben Sie nun ein paar Tropfen Öl oben auf den Zapfen, anschließend hängen Sie die Türe wieder ein und bewegen sie einige Male hin und her.

11. Bei schweren Türen bestreichen Sie den Türzapfen mit Mehrzweckfett. Durch das Einfetten wird der Schmierfilm dicker, wodurch sich auch schwere Türen leicht bewegen lassen.

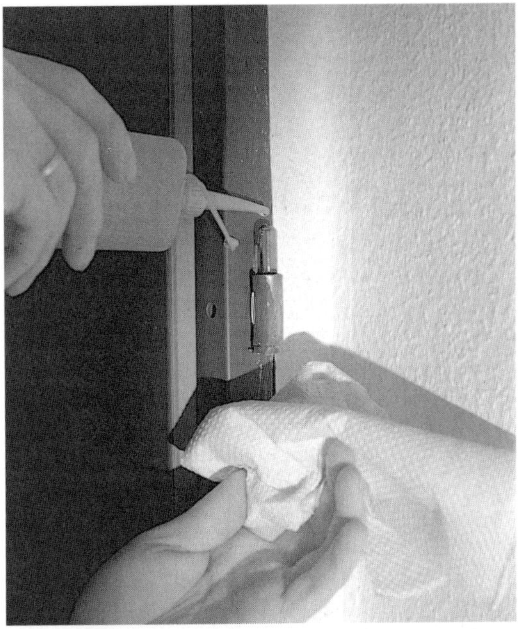

10

11

So bessern Sie Schäden im Teppich aus

1

2

3

Material
Teppichreste, Alleskleber oder Teppichkleber.

Werkzeug

Schwierigkeitsgrad

Kraftaufwand

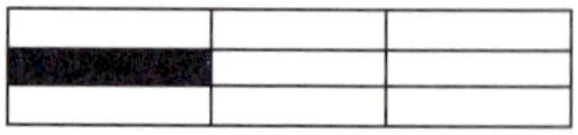

Arbeitszeit

Sie benötigen etwa 1/2 Stunde.

Ersparnis
Sie ersparen sich dadurch einen neuen Teppichbelag, also je nach Größe etwa 20 bis 70 DM je qm.

1. Wie schnell ist es geschehen, eine kleine Unachtsamkeit mit der Zigarette und ein Brandloch hat sich in den Teppich eingeschmort. So ein Brandloch ist ein unansehnlicher Blickfang. Das Ärgerliche daran ist, daß es nicht wie Flekken durch Reinigungsmittel zu entfernen ist. Das Brandloch können Sie nur durch Ausbessern beseitigen. Hierfür ist es natürlich am günstigsten, wenn Sie sich einen Teppichrest vom Verlegen aufgehoben haben. Wenn nicht, können Sie sich mit einem Stück Teppich behelfen, das Sie aus einer nicht sichtbaren Stelle (zum Beispiel unter einem Schrank oder Buffet) neben der Teppichleiste herausschneiden. Es ist zwar mühevoll, aber dort wird Sie das fehlende Stück am wenigsten stören.

Bevor wir jetzt zum eigentlichen Ausbessern kommen, ist noch wichtig, um welche Art von Teppichboden es sich handelt. Nadelfilz und florige Teppiche sind ausgesprochen gut zum Ausbessern geeignet. Schlingenteppiche können problematisch werden, da sich beim Ausschneiden leicht »Laufmaschen« bilden, wobei sich die Schlingen vom Teppichuntergrund meist lösen.

Arbeitsanleitung

2.–3. Stanzen Sie als erstes die Schadstelle mit einem Locheisen exakt aus. Benutzen Sie zum Schlagen auf das Locheisen einen schweren Hammer, den Sie am hinteren Ende des Stiels halten. Dadurch erreichen Sie mehr Kraft beim Schlagen. Bei Schlingenteppichen ist es wichtig, daß alle Schlingen beim Ausstanzen abgetrennt werden.

4. Mit dem gleichen Locheisen stanzen Sie nun aus dem Teppichrest ein Ersatzstück heraus.

5. Bei Schlingenware geben Sie etwas transparenten Alleskleber an den Rand des Einsatzstücks, damit verhindern Sie zusätzlich das eventuelle Lösen einzelner Schlingen. Tragen Sie ebenfalls transparenten Alleskleber auf die Rückseite des Ersatzteils auf.

4

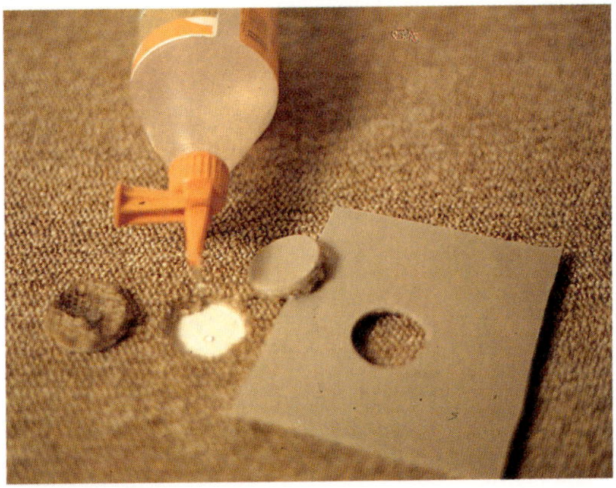

5

6

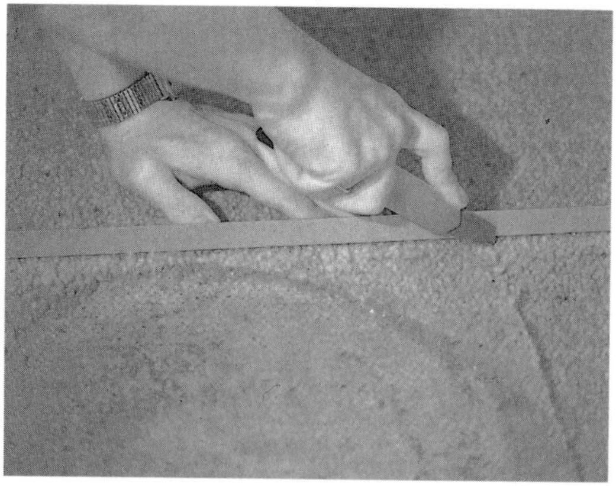

7

8

9

Jetzt drücken Sie das Einsatzstückchen entsprechend dem Teppichbodenlauf in das ausgestanzte Loch ein.

Der Tip: Die Klebekraft wird verbessert, wenn Sie die Klebestelle vorher mit einem Staubsauger absaugen.

Die Trockenzeit des Klebers richtet sich nach den Angaben des Herstellers. Zum Beschweren des eingeklebten Ersatzstückes eignet sich beispielsweise ein Stuhl, dessen Fuß Sie auf das eingesetzte Teil stellen. Der Stuhl sollte aber nicht durch Auflegen von Gewichten zusätzlich beschwert werden, da das zusätzliche Gewicht Druckstellen auf dem Teppich hinterlassen würde.

6. Was ist zu tun, wenn eine größere Teppichfläche beschädigt ist. Ursache dafür kann ein nicht auswaschbarer Fleck oder ein Riß sein. Eine heimtückische Teppichbeschädigung kann durch einen auf dem Boden abgestellten Blumentopf verursacht werden. So schön naturbelassene Ton- oder Keramikblumentöpfe auch sind, so haben sie aber auch den Nachteil, daß sie ohne passenden Blumentopfuntersatz (beispielsweise Wasserauffangschalen aus wasserundurchlässigem Material) Feuchtigkeit auf den Teppich übertragen.

Meist fällt das erst auf, wenn Sie Ihren Blumenstock an eine andere Stelle versetzen wollen. Dann entdecken Sie nämlich, daß die vom Topfboden abgegebene Feuchtigkeit die Teppichoberfläche (den Flor) buchstäblich zerfressen hat.

Falls die Reparatur nicht sofort erfolgen kann, ist es wichtig, auch bei anerkanntem Schaden, vorerst eine entsprechende Wasserauffangschale unterzulegen, damit sich die Schadstelle nicht noch verstärkt.

Schadensbehebung.

7. Schneiden Sie zunächst das beschädigte Teppichstück quadratisch mit einem Teppichbodenmesser aus dem Gesamtteppich heraus, achten Sie dabei auf die Struktur! Legen Sie, um einen geraden Schnitt zu erreichen, eine Metallschiene (Metallineal) an.

8. Das herausgeschnittene Stück dient nun als Schablone, welche Sie auf ein Reststück des verlegten Teppichs auflegen. Ersatzweise können Sie es auch auf ein Stück des verlegten Teppichs auflegen (wie anfangs beschrieben beispielsweise unter einen Schrank oder ein Buffet). Jetzt schneiden Sie das Ersatzstück exakt nach der aufgelegten Schablone heraus. Falls Ihr Teppich auf einem Holzfußboden verlegt worden ist, können Sie die aufgelegte Schablone mit dünnen Nägeln provisorisch am Boden befestigen. Das erleichtert das exakte Ausschneiden erheblich. Andernfalls müssen Sie peinlich genau darauf achten, daß die Teppichschablone beim Zuschneiden nicht verrutscht, da bereits der kleinste Fehlschnitt nach dem Einsetzen des Ersatzstücks sichtbar wird.

9. Bevor Sie jetzt das Ersatzteppichstück einsetzen, müssen Sie die Schadstelle gründlich säubern. Das heißt eventuell für Sie, daß Sie noch am Boden anhaftende Teile des Teppichschaumrückens und des alten Teppichklebers mit einem Spachtel restlos entfernen und anschließend die Reparaturstelle gründlich absaugen müssen.

10. Tragen Sie nun Teppichkleber auf den Boden auf. Wurde der Teppich lose verlegt, also nicht geklebt, können Sie zur Befestigung des Ersatzstücks auch doppelseitiges Klebeband dazu verwenden.

Schneiden Sie dafür Stücke des Klebebands entsprechend der Schnittlänge zurecht. Diese kleben Sie dann entlang der Schnittkanten zur Hälfte unter den Originalteppich, auf die andere Klebstreifenhälfte dann das Ersatzstück.

11. Wenn man anfänglich noch die Nahtstellen des eingesetzten Teppichstücks erkennen kann, so gleicht sich dies durch Abnutzung im Laufe der Zeit aus.

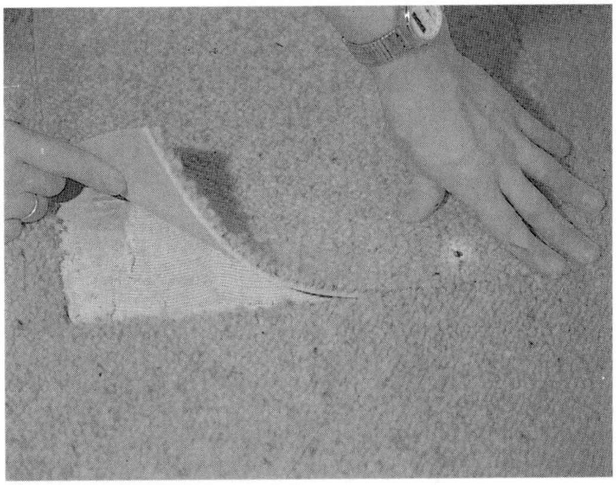

10

11

So beheben Sie Feuchigkeitsschäden an Wänden

Feuchte

Schimmel

Putzzerfall

Material
Schimmelspray, Aluminiumfolie, Salpeterentferner, Schutzanstrich gegen feuchte Wände.

Werkzeug

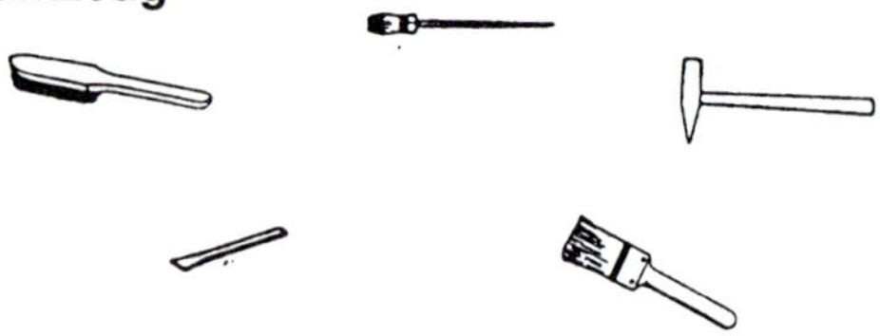

Schwierigkeitsgrad

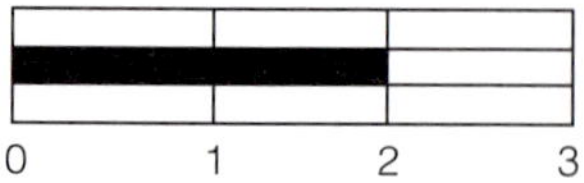

Kraftaufwand

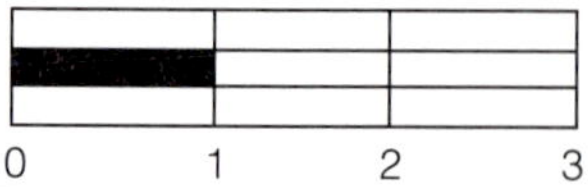

Arbeitszeit
Je nach Schadensgröße 1/2 bis zu mehreren Tagen.

Ersparnis
Sie sparen bis zu 60 DM pro qm.

Salzausblühungen

Feuchtigkeitsschaden am Außenputz

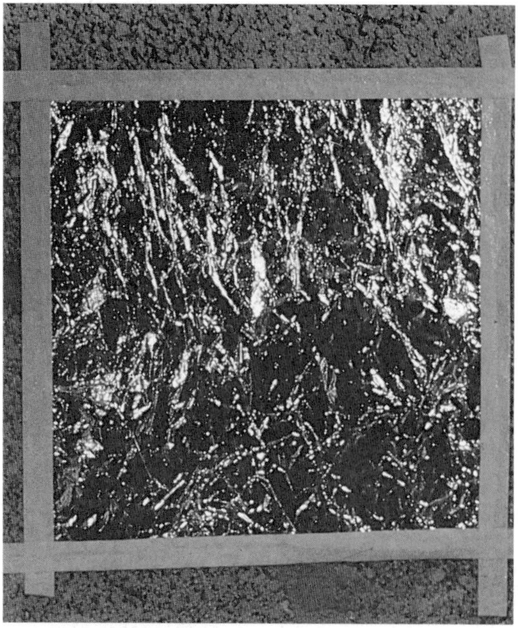

1

2

3

Feuchtigkeitsschäden machen sich durch Aufquellen des Putzes oder der Anstrichfarbe bemerkbar. Weiter bilden sich an feuchtem Putz Salzausblühungen oder Schimmel. Je nachdem, wie fortgeschritten das Stadium ist, werden immer größere Flächen davon befallen. Wenn dagegen nichts unternommen wird, kommt es sogar so weit, daß sich Tapeten und Anstriche von der Mauer ablösen, Verputz und Mauerwerk beschädigt und zersetzt werden.
Um diese Feuchtigkeitsschäden beheben zu können, muß man über die Entstehungsursachen Bescheid wissen. Wenn die Feuchtigkeit der Wände frühzeitig entdeckt wird, kann ein dadurch entstehender größerer Schaden ohne große Schwierigkeiten verhindert werden. Oft reicht nämlich schon eine geringfügige Umstellung des eigenen Wohnverhaltens. Wenn nicht ein direkter Wasserschaden, zum Beispiel durch einen Wasserrohrbruch vorliegt, ist die Ursache an einer zu hohen Luftfeuchtigkeit im Raum zu suchen. In geschlossenen Räumen sollte die Luftfeuchtigkeit auf alle Fälle unter 60 Prozent liegen. Wenn Sie einen Hygrometer, am besten in jedem Raum, anbringen, können Sie die Luftfeuchtigkeit ständig kontrollieren. Zeigt Ihr Hygrometer eine sehr hohe Luftfeuchtigkeit von über 60 Prozent an, werden Sie sich fragen, wo denn diese ganze Feuchtigkeit herkommt. Zum einen kann die Ursache an schlecht oder falsch isolierten Außenwänden liegen. So kann von außen bei Regen, Schnee oder hoher Außenluftfeuchtigkeit Feuchtigkeit durch das Mauerwerk nach innen ziehen. In den meisten Fällen liegt die Ursache für eine zu hohe Luftfeuchtigkeit im Raum selbst. In Küchen, Bädern und Waschräumen ist die Luftfeuchtigkeit durch aufsteigende Wasserdämpfe recht hoch. Besonders beim Wäschetrocknen in geschlossenen Räumen wird sehr viel Feuchtigkeit in die Luft abgegeben. Das läßt sich an den beschlagenen Fensterscheiben auch ohne Hygrometer gut feststellen. Nicht immer ist es jedoch so offensichtlich, zum Beispiel bei Wohn- oder Schlafräumen. Besonders Pflanzenliebhaber neigen manchmal dazu, ihren Wohnraum in eine Art Dschungel zu verwandeln. Dabei wird oft vergessen, daß Gießwasser aus der Blumenerde und durch die Pflanze verdunstet. Zu alledem gibt der menschliche oder tierische Körper über die Haut auch Feuchtigkeit in die Luft ab.
Je nach Raumtemperatur kann die Luft nur eine begrenzte Menge an Wasserdampf aufnehmen. So kann warme, aufgeheizte Raumluft mehr Feuchtigkeit aufnehmen als kalte. Ist die im Raum befindliche Luft zu feucht, schlägt sich die Feuchtigkeit an den Zimmerdecken und Wänden nieder. Deutlich läßt sich dieser Vorgang nach einer heißen Dusche im Badezimmer erkennen, wenn sich der Badezimmerspiegel beschlägt. Im Badezimmer ist das auch kein Problem, da durch die Befliesung der Wände die Feuchtigkeit vom Mauerwerk ferngehalten wird. In den Wohnräumen sieht es allerdings anders aus. Hier saugen Tapeten oder Anstrichfarben die Luftfeuchtigkeit auf. Wenn diese Feuchtigkeit nicht wieder abgegeben werden kann, kommt es mit der Zeit zu Schäden durch Schimmelbildung. Nun, was ist dagegen zu tun oder was wurde dabei zuviel getan? Um die feuchte Luft entweichen zu lassen, oder besser gesagt, gegen trockene Luft auszutauschen, ist ein Durchzug in den Räumen Voraussetzung. In alten Wohnungen, in denen die Fenster und Türen schlecht gegen Kälte isoliert waren, erfolgte ein erheblicher Luftaustausch über die undichten Fugen zwischen Fenster beziehungsweise Türen und dem Rahmen. Bei Wohnungsrenovierungen oder Neubauten werden Fenstern und Türen eingebaut, die nahezu 100prozentig dicht abschließen. Dadurch wird der natürliche Luftaustausch über die Fugen verhindert. Die im Raum stehende Luft bietet hervorragende Voraussetzungen für die Schim-

4

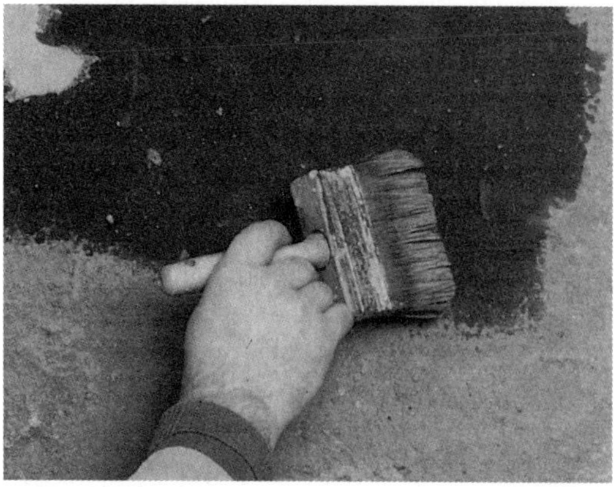

5

6

melbildung. Regelmäßiges, richtiges Lüften ist somit unbedingt notwendig. Das erreichen Sie, indem Sie mindestens dreimal täglich die Raumtemperatur auf 20 bis 24° aufheizen und die Heizung kurz abschalten. Anschließend öffnen Sie die Fenster und Türen, damit ein Luftdurchzug erreicht wird. So kann die mit Feuchtigkeit gesättigte Luft nach draußen, die frische trokkene Luft in den Raum gelangen. Nach 10 bis 15 Minuten schließen Sie die Fenster und Türen wieder und drehen die Heizung wieder auf. Wird die kalte Frischluft im Raum erwärmt, dann wird sie dabei relativ trocken. Somit kann sie wieder neue Feuchtigkeit aufnehmen und beim nächsten Lüften ins Freie abgeben. Die günstigste Luftfeuchtigkeit im Raum liegt bei etwa 40 bis 50 Prozent. Dieser Feuchtigkeitsgehalt ist für den Menschen am gesündesten und auch dem Mobiliar kommt es zugute. Wenn Sie also erste Anzeichen für Feuchtigkeitsschäden von feuchten Tapeten, Wandfarben oder häufig beschlagenen Fenstern erkennen, können Sie eine Ausbreitung des Schadens durch richtiges Lüften verhindern.

Außerdem sollten Sie beim Aufstellen Ihrer Möbel folgendes beachten: An Außenwände sollten grundsätzlich keine Möbel direkt an die Wand gestellt werden. Lassen Sie zwischen den Möbelstücken und der Außenwand des Raums mindestens 15 bis 20 cm Zwischenraum, dadurch ermöglichen Sie eine Luftzirkulation. Wenn Sie sich an diese Anweisungen halten, können Sie sich ohne großen Aufwand viel Geld und Ärger ersparen.

Arbeitsanleitungen

Leider kommt guter Rat erst viel zu spät, die Schadenausbreitung ist oft schon so weit fortgeschritten, daß richtiges Lüften keine Hilfe mehr bietet. Der Schimmelpilz hat sich schon gebildet. Wenn jedoch der Putz noch fest am Mauerwerk haftet und durch die Feuchtigkeit weder aufgequollen noch abgebröckelt ist, können Sie den Schimmel mit im Handel erhältlichen Schimmelsprays beseitigen. Nachdem Sie die befallenen Flächen gleichmäßig mit dem Spray eingesprüht haben, läßt sich der Schimmel nach der Einwirkzeit mit einer Bürste ablösen. Vorhandene Tapeten müssen entfernt werden. Bevor Sie nach Beseitigung des Schimmels neu tapezieren können, muß die gesäuberte Wandfläche vollkommen ausgetrocknet sein. Wenn es sich nur um eine kleine Stelle handelt, empfiehlt es sich, zur Verkürzung der Trockenzeit einen Heizlüfter aufzustellen. Um einer Schimmelneubildung vorzubeugen, sollten Sie sich an die vorhin beschriebene Durchlüftung des Raums halten.

1. Wie anfangs beschrieben, kann die Feuchtigkeit auch von außen in den Raum eindringen. Um dies festzustellen, nehmen Sie ein Stück Aluminiumfolie, etwa in Din A 4-Größe, und legen es auf die feuchte Wandfläche. Nun werden die Außenseiten der Aluminiumfolie mit wasserfestem Klebeband luftdicht an der Wand befestigt. Nach etwa 2 bis 3 Tagen können Sie die Ursache der feuchten Wand leicht feststellen, indem Sie die Aluminiumfolie vorsichtig abziehen. Ist die Aluminiumfolie auf der Raumseite naß, handelt es sich um Kondensfeuchtigkeit, die durch mangelnde Luftzirkulation entstanden ist. Ist jedoch die Folie auf der Innenseite in Richtung Mauer naß und auf der Außenseite trocken, so kommt die Feuchtigkeit durch die Wand von außen hindurch.

2. Starke Salzausblühungen am Innenputz entstehen durch Feuchtigkeit im Mauerwerk oder Beton. Meist sind Putz- und Isolierungsschäden der Außenwand die Schadensursache. Dadurch saugt sich die Wand mit Feuchtigkeit von außen auf. Besonders Kellerräume sind häufig davon betroffen, da auf der Außenseite der Kellerwand ständig feuchtes Erdreich drückt. Ganz schlecht ist es daher auch, Regenwasserablaufrohre zu montieren, bei denen das Regenwasser unmittelbar an der Hausaußenmauer herausläuft. Hier braucht man sich nicht zu wundern, wenn die angrenzenden Kellerwände feucht werden. Die Schadensbehebung bei starken Salzausblühungen ist sehr aufwendig und teuer.

3. Zuerst müssen Sie den betroffenen, mürben Mörtel lösen und entfernen. Dünne Mörtelschichten können Sie mit einer Drahtbürste entfernen. Bei dickeren Verputzschichten ab 3 mm, müssen Sie schon zu Hammer und Meißel greifen. Entfernen Sie lieber 2 bis 3 cm mehr Putz als notwendig. Auch eventuell vorhandene alte Anstriche und Fettrückstände müssen Sie restlos entfernen.

Anschließend befreien Sie den Untergrund mit einer groben Bürste von Staub und Schmutz. Auch die Ecken zwischen Wand und Bodenfläche müssen Sie, falls sie befallen sein sollten, restlos auskratzen.

4. Jetzt tragen Sie mit einem Pinsel Salpeter-Entferner auf das Mauerwerk satt auf. Beachten Sie dabei die Sicherheitsratschläge des Herstellers auf der Verpackung. Der Salpeter-Entferner wird vom Mauerwerk aufgesaugt und löst in ihm die dort vorhandenen schädlichen Salze auf. Es handelt sich dabei meist um Nitrate oder Carbonatsalze. Nach einer Einweichzeit, je nach Angaben des Herstellers, waschen Sie die Salze mit reichlich Wasser heraus. Lassen Sie das Mauerwerk jetzt ein paar Tage trocknen.

5. Nach der angemessenen Trockenzeit tragen Sie einen Schutzanstrich auf, der das Durchdringen der Feuchtigkeit unterbindet. Sie erhalten den Schutzanstrich in Bau- und Malergeschäften.

6. Wenn dieser angezogen und trocken ist, können Sie den neuen Putz auftragen. Beachten Sie aber, daß vor dem eventuellen Überstreichen oder Tapezieren der Putz vollkommen ausgetrocknet sein muß. Das dauert, je nach Auftragsdicke, einige Tage bis zu mehreren Wochen.

1

2

So ersetzen Sie eine beschädigte Fliese

Material
Ersatzfliesen, Fliesenkleber, Fugenmörtel.

Werkzeug

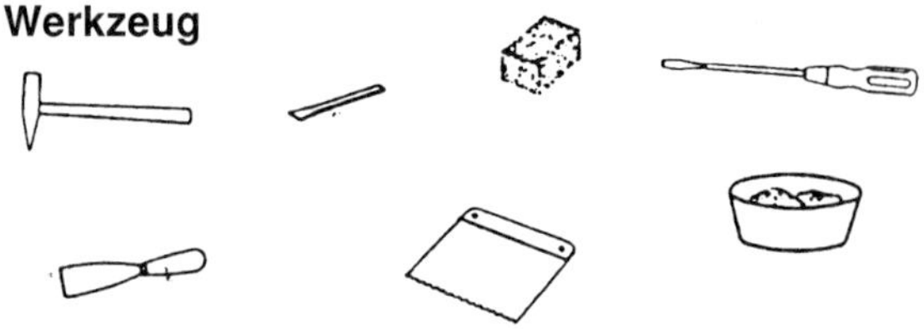

Schwierigkeitsgrad

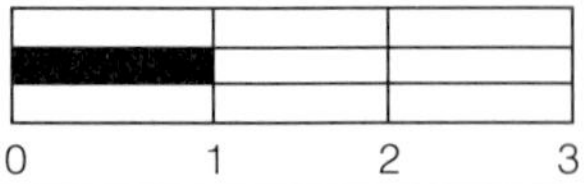

Kraftaufwand

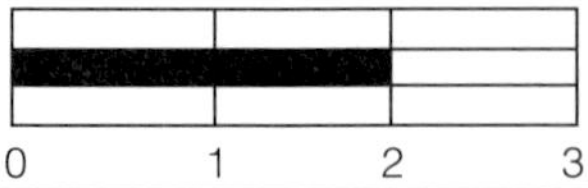

Arbeitszeit
Pro Fliese etwa 1 Stunde.

Ersparnis
Durch Ihre Eigenleistung sparen Sie sich 50 DM bis 150 DM.

Arbeitsanleitung

1. Wenn eine einzelne beziehungsweise mehrere Fliesen gesprungen sind, muß nicht gleich die ganze Fläche neu gefliest werden. Voraussetzung ist allerdings, daß Sie noch gleiche Fliesen aufgehoben haben oder sich noch besorgen können.

2. Schlagen Sie als erstes mit Hammer und Meißel die beschädigte Fliese vorsichtig heraus. Das gelingt am besten, wenn Sie am Anfang den Meißel senkrecht auf die Fliese aufsetzen. Damit erreichen Sie, daß die Fliese leichter bricht. Arbeiten Sie jetzt von der Fliesenmitte Stück für Stück heraus.

3. Der Fliesenkleber an der Wand und die Verfugung müssen ebenfalls herausgeschlagen werden.

Zu beachten ist dabei, daß die Klebewand nicht zu stark beschädigt wird, denn wenn Sie einen Dünnbettkleber verwenden, darf dieser höchstens 10 mm dick aufgetragen werden. Sind die beschädigten Fliesen, der Kleber und die Verfugung vollständig herausgeschlagen, reinigen Sie die Stelle mit einer Bürste.

Anschließend saugen Sie die Klebefläche mit dem Staubsauger ab. Setzen Sie nun den Fliesenkleber entsprechend der Gebrauchsanweisung in einem Gipsbecher an. Sollten Sie keinen Fliesenkleber zur Verfügung haben, läßt er sich ausnahmsweise für kleine Flächen durch Sanitärsilicon ersetzen.

Tragen Sie den Fliesenkleber mit einer kleinen Spachtel auf die Fliese auf und kämmen Sie ihn mit einer Zahnspachtel anschließend durch.

4. Setzen Sie nun die Fliese ein und drücken Sie diese mit beiden Händen

3

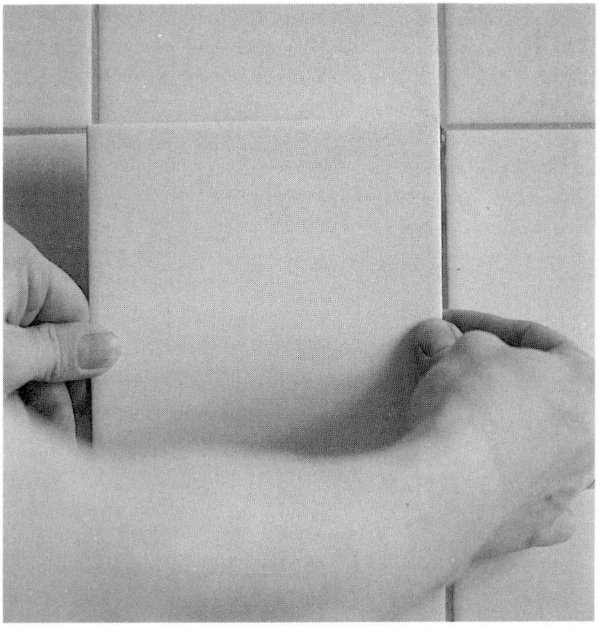

4

5

6

gleichmäßig an, so daß sie in gleicher Höhe mit den anderen ist. Hat sich beim Andrücken Fliesenkleber neben der Fliese herausgepreßt, müssen Sie ihn sofort entfernen. Am besten verwenden Sie dazu einen Schraubenzieher.

5. Um einen gleichmäßigen Fliesenabstand zu erhalten, setzen Sie Fugenkreuze ein.

6. Nach etwa 1 bis 2 Tagen Aushärtungszeit, die der Kleber benötigt, können Sie mit dem Verfugen beginnen.

Ein Tip: Im Laufe der Zeit ist die Fugenmasse der anderen Fliesen abgedunkelt oder aufgehellt.

Verwenden Sie daher zum Verfugen einen helleren Farbton der Fugenmasse. Durch Auffrischen der gesamten Verfugung der Fliesenwand nach der Trockenzeit mittels »Fugenfrisch« ist die Ausbesserungsstelle nicht mehr zu erkennen.

Noch ein Tip: Falls Sie mehrere schadhafte Fliesen auszuwechseln haben, und identische Fliesen nicht mehr aufzutreiben sind, gibt es noch eine weitere Möglichkeit. Verwenden Sie ein Fliesendekorbild, das aus mehreren Fliesen zusammengesetzt ist, um die defekten Fliesen zu ersetzen. Wählen Sie dabei ein Dekorbild, das zum gefliesten Raum paßt. Die Grundfarbe des Dekors sollte dabei in etwa der Farbe der anderen Fliesen entsprechen.

Die Fliesendicke muß allerdings mit der der anderen Fliesen genau übereinstimmen, da dies für die Verfugung sehr wichtig ist.

Mit Dekorfliesen ausgebesserte Fliesenschäden fallen dem Betrachter kaum auf, da dieser annimmt, daß das Dekorbild schon von Anfang an mit eingefugt worden ist.

So bessern Sie Schäden an der Außenwand aus

Material
Ziegelstein, Maurermörtel, Fertigputz, Drahtputzecken (Rabitzecken).

Werkzeug

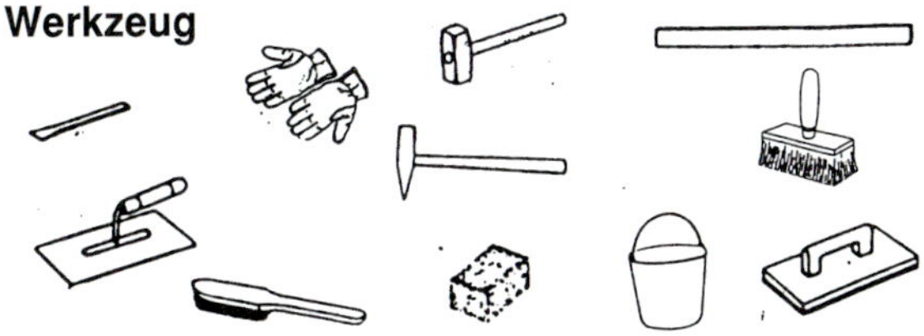

Schwierigkeitsgrad

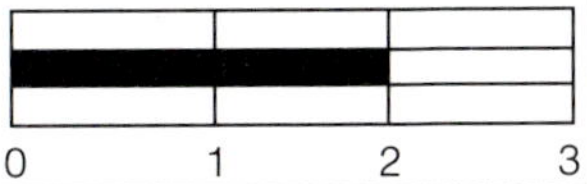

Kraftaufwand

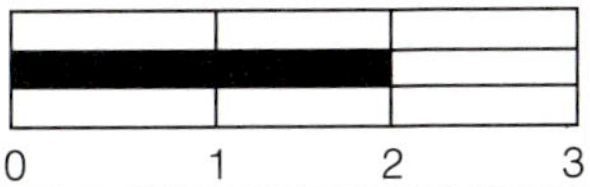

Arbeitszeit

Je nach Schadensgröße benötigen Sie etwa 2 bis 4 Stunden.

Ersparnis
Je nach Schaden zwischen 50 DM und 200 DM.

Wandschaden

Eckschaden

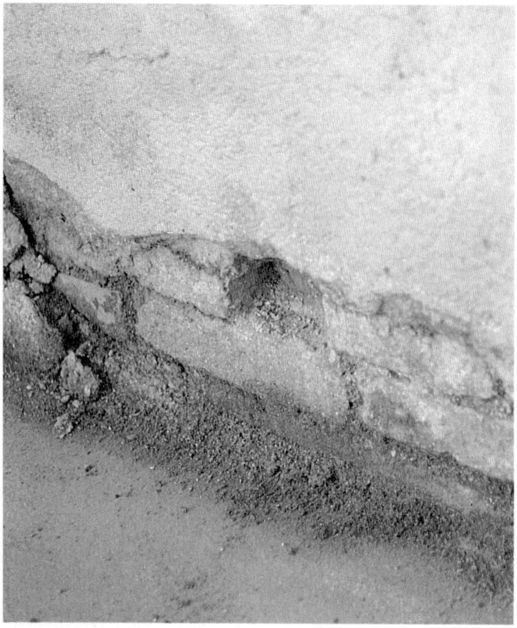
1

2

Außenwände sind im Gegensatz zu Innenwänden durch Witterungseinflüsse wie Frost, Nässe und Luftverschmutzung gefährdet. Wenn dann beim Mauern oder Verputzen noch dazu ungeeignetes Material verwendet wurde, ist der Wandschaden in Form von Abblättern der Farbe oder teilweises Abbröckeln ganzer Verputzstücke sozusagen schon vorprogrammiert.

Arbeitsanleitung

1. Am häufigsten treten diese Wandschäden im nahen Bodenbereich auf, da sich von hier Nässe und Kälte besonders stark auf die Wand übertragen.

Um solche Außenwandschäden zu beseitigen, müssen Sie zuallererst prüfen, wie weit sich der Schaden um die deutlich sichtbaren Stellen herum schon ausgebreitet hat.

2. Hierzu untersuchen Sie das umliegende Mauerwerk auf Risse und Haltbarkeit des Putzes. Lockere Putzstücke schlagen Sie mit Hammer und Meißel ab. Zeigen sich vor der Schadensstelle schon Risse am Putz, müssen Sie diesen ebenfalls abschlagen. Sinnvoll ist es, etwas mehr Putz (etwa 10 cm) abzutragen, als der Riß lang ist. Es könnte nämlich sein, daß dieser Bereich schon mitbetroffen ist, obwohl es nicht direkt zu sehen ist.

Wenn Sie den Putz abgeschlagen haben, müssen Sie noch prüfen, ob alle im Schadensbereich gesetzten Ziegelsteine noch fest in der Wand sitzen. Haben Sie lose Ziegelsteine bemerkt, nehmen Sie diese aus der Wand heraus. Falls dies Schwierigkeiten bereitet, weil ein Teil des Ziegels noch etwas fester in der Wand sitzt, können Sie dieses Stück durch Einsetzen des Flachmeißels oder einer Brechstange herausdrücken.

Achten Sie dabei möglichst darauf, daß der Ziegel nicht zerfällt, da er eventuell zum Wiedereinsetzen zu gebrauchen ist. So ersparen Sie sich noch die Beschaffung eines Ersatzes und den damit verbundenen Zeitaufwand.

Als nächstes müssen Sie die gesamte Schadstelle von grobem Staub und Schmutz befreien. Zur Reinigung empfiehlt sich die Verwendung einer Drahtbürste oder einer anderen hartborstigen Bürste. Ausschlaggebend ist, daß alle lockeren Steinchen und Putzstücke entfernt werden.

3. Jetzt kommt ein besonders wichtiger Schritt, der für den richtigen Halt des Neuputzes unabdingbar ist. Die Ziegelsteine der Wand müssen angefeuchtet werden.

Hierzu eine kurze Erklärung: Die trockenen oder auch feuchten Ziegelsteine saugen Wasser auf, vergleichbar mit einem Schwamm. Wenn Sie nun den neuen Putz auftragen, der ja mit Wasser angerührt wird, zieht der Ziegel sofort Wasser aus dem frischen Putz. Dies hat zur Folge, daß der Putz am Mauerwerk nicht haftet und gleich nach dem Auftragen wieder abfällt. Der Fachmann spricht dabei vom »Verbrennen« des Putzes.

Zum Anfeuchten gibt es zwei Methoden, die je nach Wunsch und Schadstellengröße angewendet werden können. Entweder Sie tauchen einen großen Pinsel oder eine Deckenbürste in Wasser ein und bespritzen damit die Ziegelsteine, bis sie alle genügend mit Wasser gesättigt sind. Oder Sie wässern die Ziegel, indem Sie sie mit einer Wassersprühflasche, wie man sie zum Befeuchten von Blattpflanzen verwendet, gut anfeuchten.

4. Falls beim Herausstemmen ein Ziegelstein zersprungen ist oder ein Ziegelstein im Mauerwerk fehlt, müssen Sie diesen durch einen neuen ersetzen. Außenwände werden meist nur mit Vollziegelsteinen, den klassischen Ziegelsteinen, gemauert. Bei neuen Bauten werden sie häufig durch Hohllochziegel abgelöst, welche wesentlich größer und, wie der Name auch sagt, im Inneren teilweise hohl sind. Beide haben jedoch die oben genannte Eigenschaft, Nässe aufzusaugen.

3

4

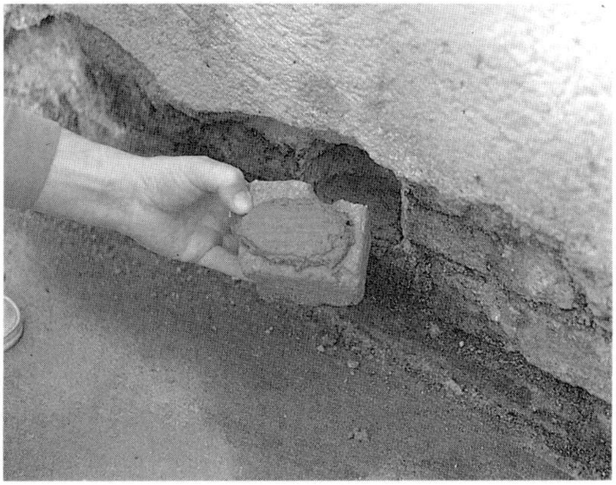

5

6

7

8

Die Ziegel schlagen Sie, falls notwendig, mit einem Maurerhammer entsprechend der dafür benötigten Größe zurecht.

5. Um den Ziegel nun im Mauerwerk zu befestigen, tragen Sie auf die Ziegel in der Wand, auf welche der neue Ziegel aufgesetzt werden soll, handelsüblichen Maurermörtel etwa 2 cm dick auf. Verwenden Sie hierzu Fertigmaurermörtel für den Außenbereich, den Sie nur noch mit Wasser anrühren müssen, das Mischungsverhältnis entnehmen Sie den Herstellerangaben. Bevor Sie nun den Ziegelstein einsetzen, tränken Sie ihn kurz in Wasser.

Am einfachsten geht's, wenn Sie den Ziegel in einen mit Wasser gefüllten Eimer kurz ganz eintauchen.

Tragen Sie jetzt auf der Oberfläche des vorgewässerten Steins Maurermörtel auf. Tragen Sie lieber etwas mehr Mörtel auf als notwendig, der Überschuß drückt sich beim Einsetzen in die vorgesehene Wandstelle wieder heraus. Setzen Sie jetzt den Ziegelstein in die Wand ein und nehmen Sie den überschüssigen Mörtel mit einer Maurerkelle sauber ab. Die seitlichen Fugen füllen Sie nun ebenfalls mit Mörtel und ziehen den Überschuß mit der Maurerkelle ab. Anschließend glätten Sie die Fugen. Bevor Sie die Wandstelle neu verputzen können, muß der Mörtel ausgehärtet sein. Ehe Sie mit dem Verputzen der Wand beginnen können, muß das Mauerwerk, falls Ziegelsteine ersetzt wurden, von Mörtelspritzern, die dabei verursacht wurden, gereinigt werden.

Zum Verputzen verwenden Sie Fertigputz für den Außenbereich, den Sie in Bau- und Heimwerkermärkten in kleinen abgepackten Säcken (ab 10 kg) kaufen können. Natürlich können Sie sich den Putz auch selbst zusammenmischen, was aber für solch geringfügige Putzarbeiten unrentabel ist.

Den Fertigputz setzen Sie nun ebenfalls mit Wasser in einem Eimer genau nach den Herstellerangaben an. Das zu verputzende Wandstück bestreichen Sie vor dem Putzauftrag satt mit Haftgrund, den Sie ebenfalls in Baumärkten erhalten.

6. Nehmen Sie nun jeweils ein oder zwei Maurerkellen mit angerührtem Putz aus dem Eimer und setzen Sie ihn auf eine nasse Glättkelle. Von dort nehmen Sie nun mit der Maurerkelle stückweise Putz ab und bewerfen damit die Wandfläche gleichmäßig.

Anschließend streichen Sie den Putz mit der Maurerkelle und einem Abziehbrett glatt.

7. – 8. Sobald der Putz etwas abgebunden hat, schleifen Sie ihn mit einem Aluglätter mit Filzaufsatz nach. Die eigentliche Reparaturarbeit ist somit beendet. Das verwendete Werkzeug muß anschließend unter fließendem Wasser gründlich gereinigt werden.

Wenn Sie die Wand noch mit Farbe überstreichen wollen, müssen Sie warten, bis der Putz ausgehärtet und vollständig ausgetrocknet ist.

9. Wandecken werden außer durch Witterungseinflüsse auch besonders leicht durch Anstoßen mit Lasten beschädigt.

Um die Ecken nach der Ausbesserung besser vor Abbröckeln zu schützen, werden unter dem Putz Drahtputzecken (Rabitzecken) am Mauerwerk befestigt. Schlagen Sie dazu so viel Putz von der Wandecke ab, daß Sie die Drahtputzecken eben auf die Mauerkante ansetzen können, je Seite etwa 5 bis 10 cm.

Befestigen Sie jetzt die Drahtputzecke mit Nägeln, die Sie im Abstand von 20 cm durch das Drahtgewebe der Eckleiste in die Wand einschlagen. Schlagen Sie die Nägel nur etwa bis zur Hälfte ein und biegen Sie sie dann zur Wand hin um. So erreichen Sie einen besseren Andruck der Drahtputzecke.

10. – 11. Wässern Sie nun das Mauerwerk an der Kante gründlich mit einer Deckenbürste. Anschließend bewerfen Sie die Ecke mit Fertigmörtel und glätten diesen mit einer Glättkelle grob ab. Die Drahtputzecke muß dabei vollkommen überdeckt werden.

Streifen Sie jetzt den überschüssigen Mörtel mit einem Abziehbrett ab und reiben Sie nun den aufgetragenen Mörtel mit einem Filz oder einer Gummiplatte mit kreisenden Bewegungen glatt.

9

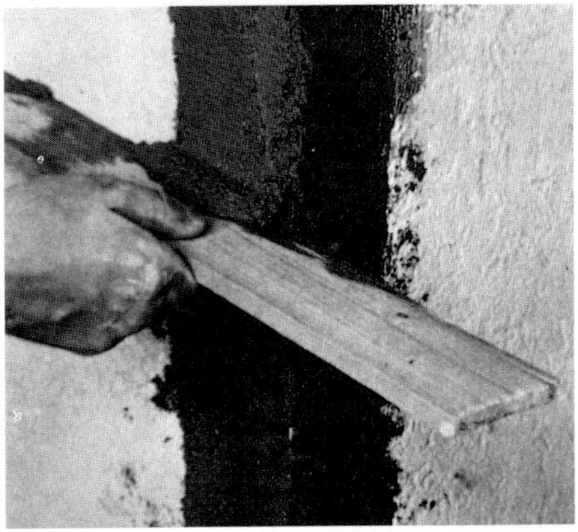

10

11

1

2

So ersetzen Sie Stecker und Kupplung selbst

Material
Neuer Stecker beziehungsweise neue Kupplung, Adernhülsen.

Werkzeug

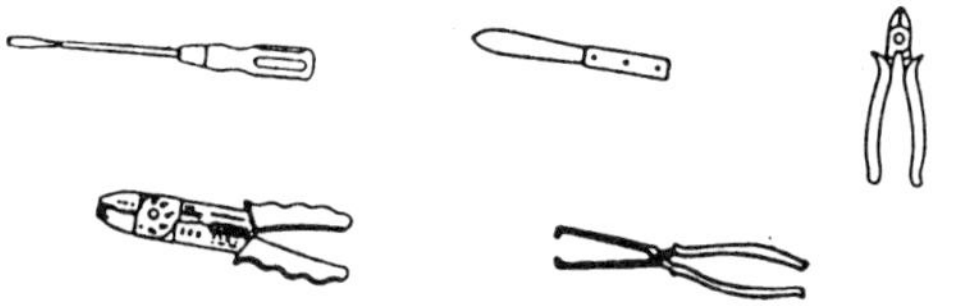

Schwierigkeitsgrad

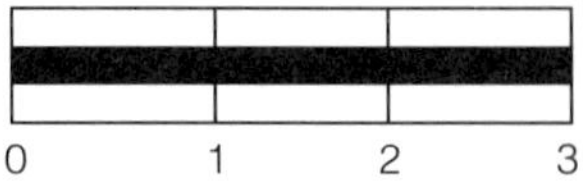

Kraftaufwand

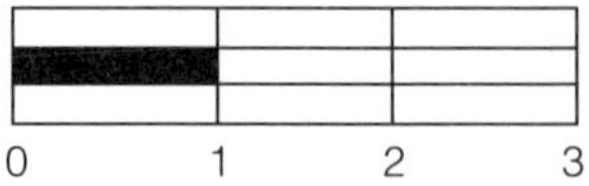

Arbeitszeit
Der Zeitaufwand beträgt etwa 15 Minuten.

Ersparnis
Sie sparen dabei etwa 40 DM.

1. Defekte Gerätestecker und Kupplungen sind nicht nur unansehnlich, sondern auch besonders gefährlich. Da deren Gehäuse aus Plastik besteht, kommt es leider oft vor, daß Teile abbrechen. Vor weiterer Benützung des Steckers muß das zerbrochene Gehäuse gegen ein neues ausgetauscht werden. Vor dem Herausziehen des defekten Steckers aus einer stromführenden Steckdose oder dem Lösen der Kupplung (zum Beispiel bei Verlängerungskabeln) muß zuerst die Sicherung des betreffenden Stromkreises herausgeschraubt oder abgeschaltet werden. Das ist besonders wichtig, denn dadurch verhindern Sie eine Stromschlaggefahr beim Berühren stromführender Steckerteile.

Wichtig: Reparaturarbeiten an unter Strom stehenden Geräten, Kabeln und Steckern sind lebensgefährlich! Es muß daher immer die Stromzufuhr durch Herausdrehen oder Abschalten der Sicherung unterbrochen werden. Es genügt nicht, das Gerät allein am Geräteschalter abzuschalten.

Arbeitsanleitung

2. Hier sehen Sie einen Stecker mit Schutzkontakt (1) und daneben einen Stecker ohne Schutzkontakt (2).

Um den Schutzkontaktstecker zu öffnen, lösen Sie erst die Befestigungsschraube am Gehäuse mit einem kleinen Schraubenzieher. Je nach Steckermodell läßt sich nun die eine Hälfte abnehmen oder aufklappen. Nun sehen Sie die farbigen Adern. Braun ist die Phase, blau der Mittelleiter und grün-gelb der Schutzleiter. Damit Sie die Kabel aus dem Stecker nehmen können, drehen Sie zuerst die Schrauben der Zugentlastungsklemme heraus. Anschließend lösen Sie die Schrauben, mit denen die Adern befestigt sind. Prüfen Sie die Adern auf Schmorstellen an der Isolierung. Sie könnten durch einen Wackelkontakt oder Kurzschluß im Stecker entstanden sein. Haben Sie solche Schmorstellen gefunden, trennen Sie das gesamte Kabel ab.

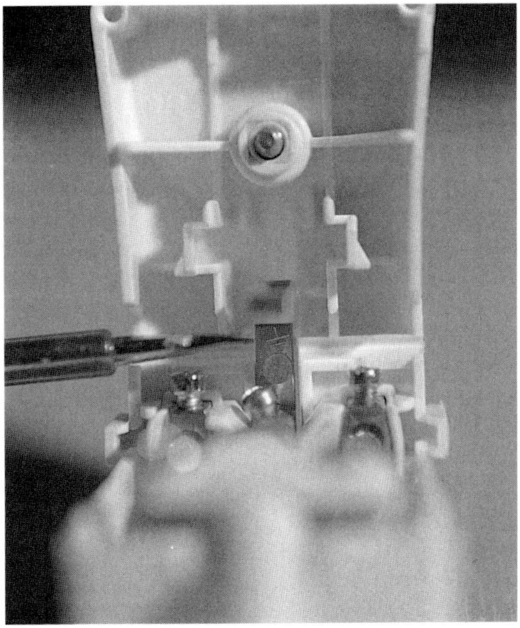

3

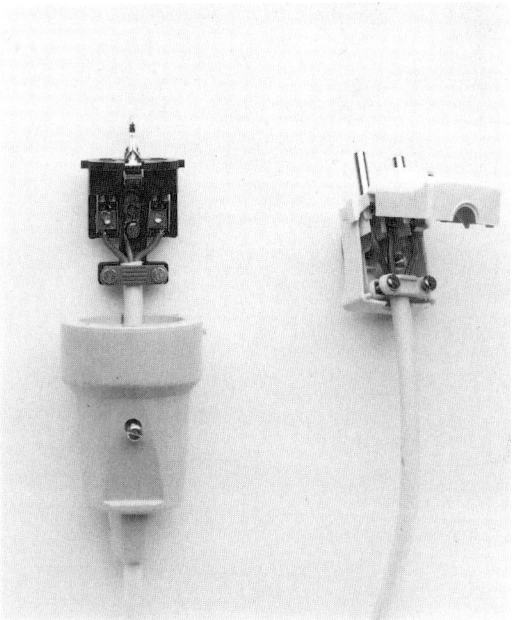

4

5

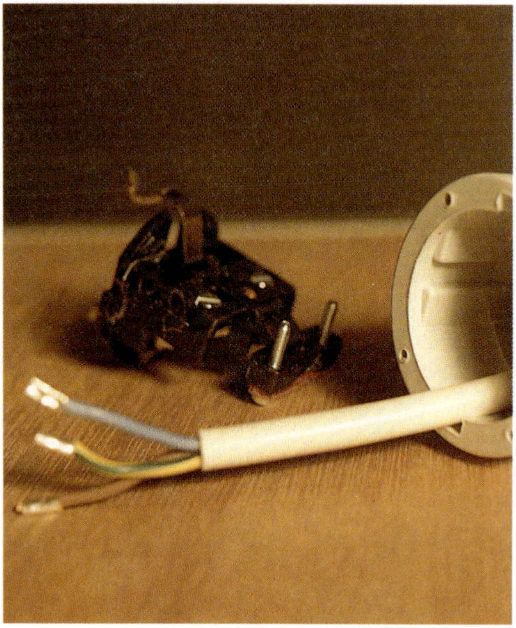

6

Zum Neuanschluß müssen Sie die Leitung neu abisolieren (siehe dazu den Grundkurs).

3. Ist der Abisolierungsvorgang abgeschlossen, befestigen Sie zunächst den grün-gelben Schutzleiter an der mittleren Schraube im neuen Stecker. Wenn Sie genau hinsehen, können Sie das Kennzeichen für Schutzerdung erkennen.

4. Anschließend schließen Sie den blauen Mittelleiter und die braune Phase je an einen Steckkontakt an. Überprüfen Sie nochmals zur Sicherheit die Kabelanschlüsse: Schutzleiter in der Mitte, Phase und Mittelleiter jeweils daneben.

5. Jetzt ziehen Sie das ummantelte Kabel in der Zugentlastungsklemme fest. Hierdurch wird ein leichtes Herausreißen des Kabels aus dem Stecker verhindert. Nun müssen Sie den Stekker nur noch schließen und die Befestigungsschraube eindrehen. Wenn Sie sich die gebrochene Kupplung auf Abb. 1 anschauen, können Sie sich die damit verbundenen Gefahren gut vorstellen. Die stromführenden Kupplungsteile sind hier noch dazu ungeschützt, was bei Berührung lebensgefährlich sein kann. Daher gilt auch hier: Bevor Sie die Kupplung vom Stecker ziehen, auf alle Fälle zuerst die Sicherung herausdrehen beziehungsweise ausschalten. Besorgen Sie sich zum Erneuern am besten eine Gummikupplung (Abb. 4, links). Sie ist wesentlich robuster als die Plastikkupplung.

6. Durch Herausdrehen der Schraube am Kupplungsgehäuse, läßt sich das Innenstück herausnehmen. Klemmen Sie jetzt die Adern an der beschädigten Kupplung ab. Stecken Sie das Kabel von unten durch das Mantelteil der neuen Kupplung. In der Mitte wird nun wieder der Schutzleiter an der Erdungsklemme angebracht sowie die blaue und braune Ader jeweils an einem daneben liegenden Steckkontakt. Anschließend klemmen Sie das ummantelte Kabel in der Zugentlastung fest. Jetzt stecken Sie die beiden Kupplungsteile zusammen und ziehen die Befestigungsschraube an.

So befestigen Sie eine Hängelampe an der Decke

Material
Adernhülsen, Lüsterklemmen, Federklapp- oder Spreizdübel.

Werkzeug

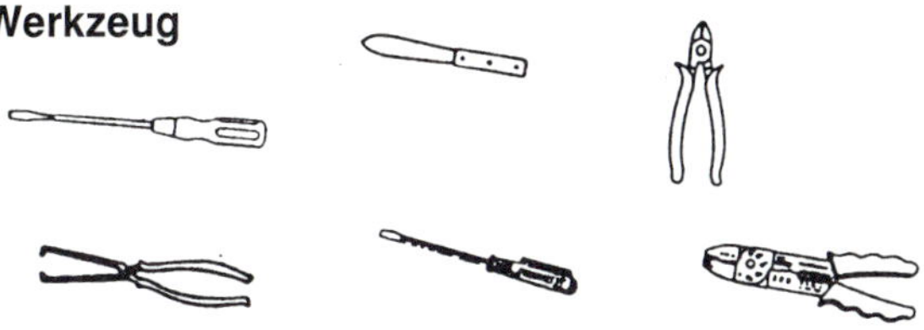

Schwierigkeitsgrad

Kraftaufwand

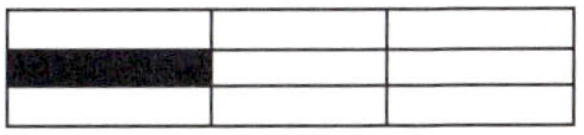

Arbeitszeit
Sie benötigen etwa
10 Minuten pro Anschluß.

Ersparnis
Sie ersparen sich den Besuch eines Elektrikers, also etwa 20 DM pro Anschluß.

1

2

3

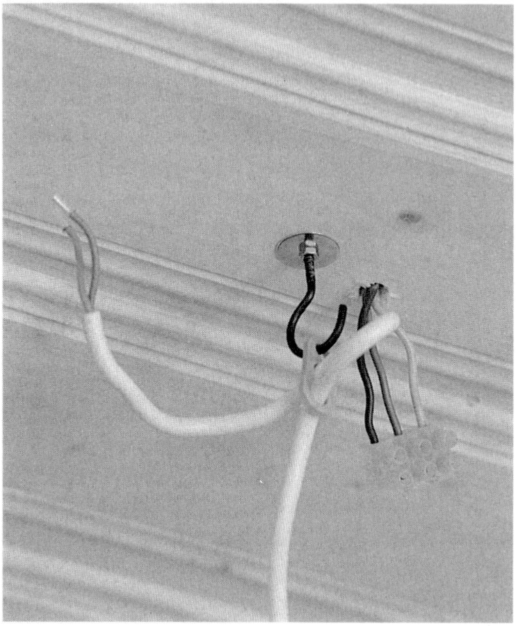

4

1. – 2. Normalerweise befindet sich neben dem Kabelaustritt an der Zimmerdecke ein Befestigungshaken, an dem Sie die Lampe aufhängen können. Prüfen Sie zunächst, ob er noch fest genug in der Decke verankert ist. Falls nicht, ersetzen Sie den alten Dübel durch einen neuen. Zum Aufhängen von Deckenlampen an Hohlraumdecken eignen sich Federklappdübel mit Schraubhaken am besten. Zur Montage müssen Sie die beiden Klappschenkel des Dübels zusammengeklappt so tief in das Dübelloch einsetzen, bis sie sich spreizen.
Drehen Sie nun den Schraubhaken so weit ein, daß Sie daran die Lampe noch einhängen können. Eingehängt wird die Lampe an einer Öse, welche sich am oberen Ende der Lampenschnur befindet. Die Öse dient zur Zugentlastung der Anschlußadern. Auch wenn es sich um eine relativ leichte Hängelampe handelt, darf sie nicht nur durch die in der Lüsterklemme verbundenen Anschlußkabel befestigt werden. Schließen Sie die Lampe an, wobei Sie zunächst die Kabelschnur der Lampe auf die gewünschte Länge kürzen, indem Sie diese mit einem Seitenschneider abzwicken. Jetzt müssen Sie den Leitungsmantel am oberen Ende etwa 3 bis 4 cm weit mit einem scharfen Messer abisolieren (siehe Grundkurs), ohne dabei die Isolierung der Adern zu beschädigen. Anschließend isolieren Sie die nun freigelegten Adern mit einer Abisolierzange an den Enden etwa 5 mm weit ab. Zwirbeln Sie nun die feinen Drähtchen jeder Ader mit den Fingern zusammen und stülpen Sie je Ader eine Adernhülse darüber. Diese drücken Sie anschließend mit der Quetschzange zusammen, so daß sie fest sitzen. Als nächstes schneiden Sie von einem Strang Lüsterklemmen drei zusammenhängende Stücke mit einem Messer oder einem Seitenschneider ab.

3. Stecken Sie nun jeweils in eine Klemme je eine Ader des Deckenkabels. Die Adern werden nun mit den in der Lüsterklemme befindlichen Schrauben fest angezogen.

4. Anschließend hängen Sie die Lampenschnur mit der Zugentlastungsöse am Befestigungshaken an der Decke ein. So können Sie sich beim Anschließen der Lampenschnur voll auf die Arbeit konzentrieren, ohne daß Sie dabei die Lampenschnur beziehungsweise das Gewicht der Lampe halten müssen.

5. Jetzt befestigen Sie die einzelnen Adern der Lampenschnur in den Lüsterklemmen. Hierbei müssen Sie äußerst genau arbeiten. Die mit den Adernhülsen vorbereiteten Litzen (Adern der Lampenschnur) verbinden Sie wie folgt in den Lüsterklemmen: die braun isolierte Phase der Leitungsschnur mit der schwarz isolierten Phase des Deckenkabels, den blau isolierten Mittelleiter der Lampenschnur mit dem blau isolierten Mittelleiter des Deckenkabels und den grüngelb isolierten Schutzleiter der Lampenschnur mit dem grün-gelb isolierten Schutzleiter des Deckenkabels.

Bei älteren Deckenkabeln erfolgt der Anschluß wie folgt: Phase (schwarz) des Deckenkabels mit Phase (braun) der Lampenschnur, Mittelleiter (grau) des Deckenkabels mit Mittelleiter (blau) der Lampenschnur und Schutzleiter (rot) des Deckenkabels mit dem Schutzleiter (grün-gelb) der Lampenschnur. Falls Ihre Lampenschnur nur über 2 Adern verfügt (Phase und Mittelleiter) bleibt der grün-gelbe Schutzleiter des Deckenkabels in der Lüsterklemme befestigt. Dies ist der Fall, wenn alle wesentlichen Teile der Lampe (Fassung und Lampenschirm) aus nicht leitendem Material wie z.B. Kunststoff bestehen. Bei diesen Lampenausführungen spricht man von »schutzisolierten« Lampen.

6. Nachdem Sie nun Ihre Hängelampe an der Decke fachgerecht angeschlossen haben, schieben Sie die Deckenrosette über den Anschluß, schrauben eine Glühbirne in die Fassung und setzen die Sicherung in Betrieb.

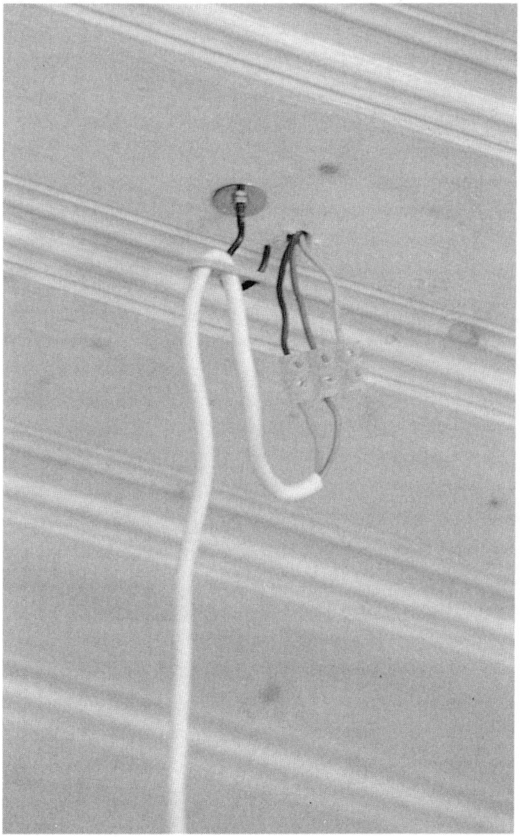

5

6

1

2

So beheben Sie Tapetenschäden selbst

Material
Tapetenkleister, Tapetenersatzstück.

Werkzeug

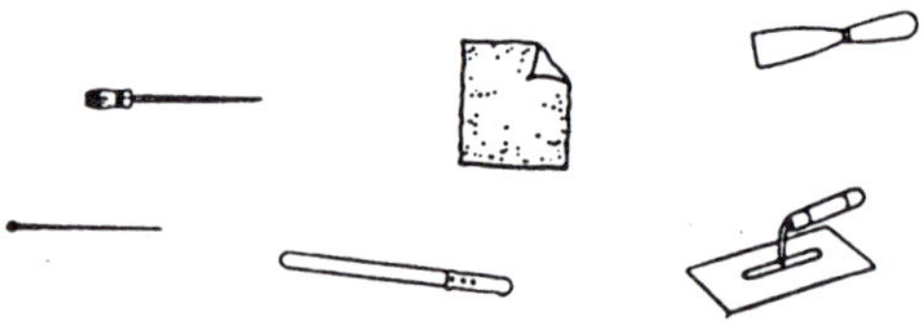

Schwierigkeitsgrad

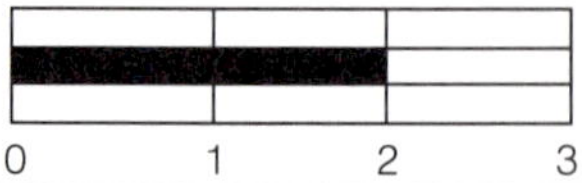

Kraftaufwand

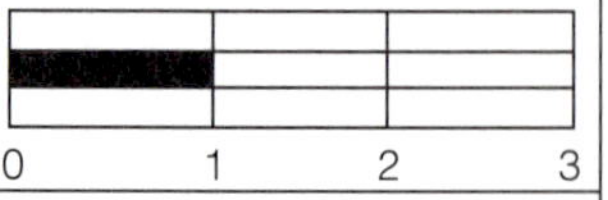

Arbeitszeit
Je nach Art des Schadens etwa 10 Minuten bis 1 Stunde.

Ersparnis
Sie sparen etwa 15 bis 20 DM pro Tapetenbahn.

Schäden an neu aufgeklebten Tapeten können schon während des Tapezierens auftreten oder erst Monate danach. Es ist nicht immer einfach, die Schadstelle so zu beheben, daß sie anschließend nicht mehr sichtbar ist. Natürlich wäre es bei kleinen Schäden möglich, einfach ein Bild oder einen Wandkalender über die beschädigte Stelle zu hängen. Ist die Schadstelle aber in Bodennähe, wirft diese Methode allerdings Probleme auf. Wer möchte schon ein Bild in Kniehöhe aufhängen?

Auch über Eck tapezierte Zimmerdurchgänge fransen im Laufe der Zeit an den Eckkantenstellen leicht aus. Aber auch ein paar Tage nach dem Tapezieren können schon schadhafte Stellen sichtbar werden, beispielsweise wenn die Tapete an den Anschlußnähten aufsteht, oder daß sich noch nach Tagen einzelne Blasen an der Tapete nicht festdrücken lassen. Das ist natürlich ärgerlich, zuerst hat man beim Tapezieren viel Zeit aufgewandt und dann ist das präzise Arbeiten scheinbar umsonst gewesen. Scheinbar, denn die meisten Schäden lassen sich mit einigen Kniffen leicht beheben.

Arbeitsanleitung

1. Die Tapete hat sich an der Nahtstelle gelöst (Maschinendruck- oder Rauhfasertapete). Die Ursache dafür kann an zu geringem Tapetenkleisterauftrag liegen oder daran, daß alte Lackanstriche nicht sorgfältig entfernt wurden.

2. Überprüfen Sie deshalb zunächst die Tapetenrückseite. Wenn Sie Lackreste entdecken, entfernen Sie diese vorsichtig mit einer Rasierklinge. Sie werden feststellen, daß das aufstehende Tapetenstück etwas verhärtet ist, was für die Ausbesserung nachteilig wäre.

3. Um dies zu beheben, streichen Sie die betreffenden Tapetenstücke an deren Vorder- und Rückseite mit leicht verdünntem Tapetenkleister ein. Lassen Sie die Tapete nun etwa eine halbe Stunde einweichen. Anschließend tupfen Sie den überflüssigen Kleister mit einem wei-

3

4

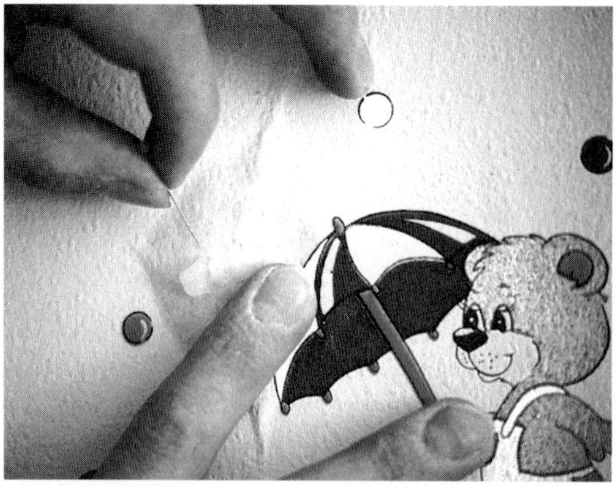
5

6

7

chen Lappen an Vorder- und Rückseite vorsichtig ab. Aber keinesfalls dürfen Sie den Kleister mit dem Lappen abreiben, da Sie dadurch Schäden (z.B. Risse) an der Tapete verursachen könnten. Als nächstes tragen Sie etwas verdickten Tapetenkleister (durch Zugabe von Kleisterpulver) mit einem kleinen, weichen Pinsel auf die Wandfläche der Schadstelle auf.

4. Drücken Sie nun die Tapete an die Wand an und streifen Sie diese von den Seiten in Richtung Stoßkante mit einem sauberen Lappen glatt an. Dabei drückt sich der überschüssige Kleister zwischen Wand und Tapetenrückseite an der Stoßkante heraus. Tupfen Sie diesen ebenfalls mit einem weichen Lappen ab. Nach einer Trockenzeit von etwa einem Tag können Sie die Tapetenoberfläche mit einem feuchten Tuch reinigen, so verschwindet der meist sichtbare matte Schleier des Klebers. Rauhfasertapeten werden an der Schadstelle anschließend mit Wandfarbe überstrichen.

Was tun, wenn die Tapete Blasen wirft? Bei frisch tapezierten Tapeten ist dies während der Austrocknungszeit normal. Sind einzelne Blasen nach der völligen Austrocknung des Klebers (spätestens nach 2 Tagen) noch nicht verschwunden, gibt es dafür zwei Gründe. Zum einen haben Sie beim Einkleistern der Tapete einige Teile mit zu wenig Kleister bestrichen. Der zu gering aufgetragene Kleister wird dann entweder von der Tapete oder der Wand vollkommen aufgesaugt, wodurch an einzelnen Stellen der Tapete keine Haftungsmöglichkeit mehr gegeben ist. Andererseits kann es sein, daß sich unter der Blase zuviel Kleister befindet oder der Kleister nicht optimal durchgerührt wurde und unter der Blase ein Kleisterklümpchen liegt.

5. Stechen Sie zur Kontrolle mit einer Stecknadel ein kleines Loch in die Blase und drücken Sie den Kleister mit den Fingern heraus. Tritt dabei Kleister aus dem Nadelloch aus, schneiden Sie mit einem scharfen Messer die Tapetenblase kreuzweise ein.

6. Heben Sie nun die einzelnen Tapetenlappen mit den Fingern leicht an. Tupfen Sie den überschüssigen Kleister mit einem weichen Lappen ab oder nehmen Sie das Kleisterklümpchen mit den Fingern heraus.

7. Streichen Sie die betreffende Tapetenrückseite und die Mauerfläche mit frisch angerührtem Kleister neu ein. Drücken Sie nun die Tapetenseite mit einem Lappen an die Wand an und wischen Sie den dabei herausgedrückten Kleister sauber ab. Nach der Austrocknungszeit können Sie den Kleisterschleier wiederum feucht abwischen.

8. Tritt beim Ausdrücken der Blase nur Luft aus, müssen Sie ein wenig Kleister in die Blase einbringen. Dies bewerkstelligen Sie entweder mit Hilfe des oben beschriebenen Kreuzschnitts, oder durch Zuhilfenahme einer Spritze.

9. Eine Plastikspritze können Sie sich in der Apotheke besorgen. Ziehen Sie nun die Spritze mit Tapetenkleister auf, wobei Sie den verwendeten Kleister nicht zu dick ansetzen dürfen. Führen Sie jetzt die Spritze mit der Spitze in das Nadelloch und drücken Sie eine kleine Menge Kleister zwischen Tapetenblase und Mauer.

10. Nach etwa 15 Minuten streifen Sie die Tapete an die Wand an und wischen den aus dem Nadelloch herausquellenden Kleister ab.

Ein Tip: Haben Sie Ihre Tapete auf Holzflächen tapeziert, geben Sie nach dem Vorweichen der Tapete anstatt Tapetenkleister Weißleim zur Schadensbehebung zwischen Tapete und Holzfläche. Dieser hat eine wesentlich stärkere Haftungskraft als der Tapetenkleister allein. Aber bitte nur bei kleinen Reparaturstellen anwenden, da der Weißleim beim nächsten Tapetenwechsel mühsam zu entfernen ist.

Für die Ausbesserung von Tapetenrissen gibt es je nach Tapetenart mehrere Möglichkeiten zur Schadensbehebung, allerdings müssen Sie

8

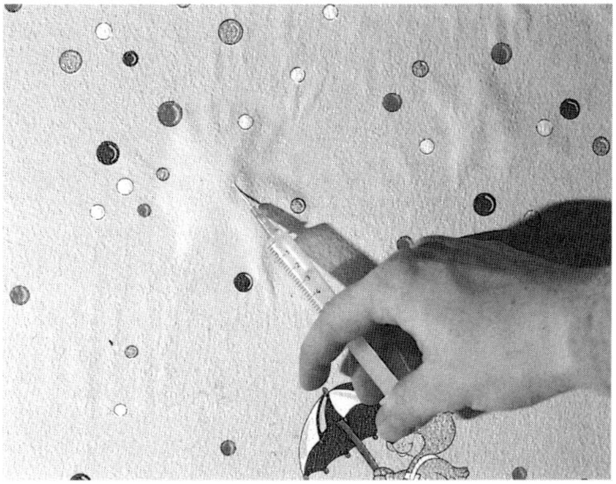

9

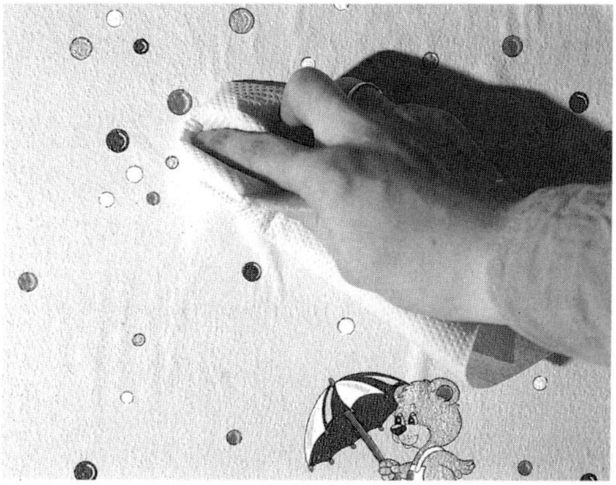

10

11

12

13

dazu immer ein mit der Tapete identisches Tapetenreststück zur Verfügung haben.

Ein Tip: Kaufen Sie gleich, wenn Sie neu tapezieren, eine Tapetenrolle mehr, die Sie dann für Reparaturen gut gebrauchen können.

11. Am einfachsten lassen sich Beschädigungen an Rauhfasertapeten beseitigen. Hierzu reißen Sie ein kreisförmiges Tapetenstück von der Schadstelle heraus. Anschließend reißen Sie aus dem Tapetenrest ein kreisförmiges Tapetenstück heraus, welches im Durchmesser etwa 2 cm größer sein muß als das von der Wand abgerissene Tapetenstück. Das Ersatzstück streichen Sie nun an der Rückseite mit Tapetenkleister ein und lassen den Kleister etwa 10 Minuten einwirken.

12. Kleistern Sie inzwischen die Wandfläche an der auszubessernden Stelle ein.

13. Kleben Sie jetzt das Tapetenstück auf die Schadstelle an die Wand. Da das Reparaturstück etwas größer als die Schadstelle ist, wird es diese vollkommen überdecken. Anschließend drücken Sie das Tapetenstück mit einem weichen Lappen fest an. Hierbei müssen besonders die Ränder gleichmäßig und fest an die Originaltapete gedrückt werden, durch die Verwendung eines Gumminahtrollers wird diese etwas mühsame Arbeit wesentlich erleichtert. Da Sie das Ersatzstück gerissen und nicht ausgeschnitten haben, sind an der Ausbesserungsstelle keine Schnittkanten zu erkennen. Wenn Sie nun nach dem Trocknen des Tapetenstücks (etwa nach 5 bis 6 Stunden) die Stelle mit der Originalfarbe der Tapete gleichmäßig überstreichen, ist die Schadstelle fast nicht mehr zu erkennen.

14. Bei gemusterten Tapeten ist die Ausbesserung eines Risses etwas schwieriger. Zunächst brauchen Sie wieder ein identisches Reststück der Originaltapete, das mit dem Muster der Schadstelle übereinstimmt. Zusätzlich benötigen Sie zum Ausschneiden des Ersatzstücks eine Schablone, die etwas größer ist als die Schadstelle. Hierzu eignet sich eine dünne, scharfkantige Metallplatte, zum Beispiel eine saubere Glättkelle, wie sie zum Mauern verwendet wird, besonders gut. Ersatzweise können Sie auch, je nach Schadstellengröße, ein scharfkantiges Küchenbrett verwenden.

15. Setzen Sie nun die Glättkelle mit einer Hand über die Schadstelle auf, so daß sie vollkommen überdeckt ist. Mit einem Messer oder einer Rasierklinge schneiden Sie nun die Tapete an den Kanten der Glättkelle ringsherum ein. Die Schneidklinge muß dabei exakt senkrecht gehalten werden. Anschließend streichen Sie die Ausschnittstelle mit Tapetenlöser ein und lassen diesen einweichen. Schaben Sie dann die Tapete von der Mitte in Richtung Schnittstelle mit einer kleinen Spachtel vorsichtig und sauber ab. Streichen Sie nun die Wandfläche der Schadstelle mit Tapetenkleister ein.

16. Legen Sie anschließend das Ersatzstück mustergenau an die Schnittstellen (oben und unten) des Ausschnitts an und markieren Sie die Schnittstellen durch Einritzen mit einer Rasierklinge. Legen Sie nun das Tapetenersatzstück auf eine Holzplatte und schneiden Sie es mit der Schablone sauber aus.

Bestreichen Sie die Tapetenrückseite des Ersatzstücks mit Tapetenkleister und lassen ihn etwa 10 Minuten einwirken. Anschließend kleben Sie das zurechtgeschnittene Einsatzstück in den Ausschnitt der Schadstelle. Mit einem weichen Lappen tupfen Sie die Tapete von der Mitte zu den Kanten an und wischen den dabei an den Nahtstellen herausgedrückten Kleister ab. Nach etwa einem Tag ist die Tapete vollkommen abgetrocknet. Jetzt wischen Sie die Tapete mit einem sauberen, feuchten Lappen ab. Haben Sie alle Zuschnitte präzise ausgeführt und die Tapete millimetergenau geklebt, ist die Schadstelle anschließend nicht wieder zu erkennen.

14

15

16

Bildquellen-Nachweis

Die nachstehend in alphabetischer Reihenfolge aufgeführten Firmen haben Bildmaterial zur Verfügung gestellt. Die Zahlen in den Klammern nach den Seitenzahlen beziffern die Anzahl der überlassenen Abbildungen. Da die genannten Firmen damit zur Gestaltung dieses Buches beitgetragen haben, möchte ich ihnen für diese freundliche Unterstützung danken.
Wenn Sie die Materialien dieser Firmen bei Ihrem Fachhändler oder Heimwerker-Markt nicht erhalten, können Sie sich auch direkt an sie wenden. Man wird Ihnen dann die Adressen der nächstgelegenen Vertriebslager und -stellen nennen.

Clou, Heinz G. Löffler Creative Marketing GmbH., Ginnheimer Landstraße 3, 6000 Frankfurt a.M. 90, Tel.: 0 69 / 70 31 21: 45 (4).

Albert Edelmann GmbH, Weissenburger Platz 2, 8000 München 80, Tel.: 0 89 / 48 60 42 und 4 80 19 96: Stellte zu den meisten Fotoaufnahmen die Werkzeuge zur Verfügung.

Knauf Bauprodukte, Postfach 10, 8715 Iphofen: 50 (2), 51 (3).

Koob & Partner, Postfach 10 11 22, 4330 Mühlheim/Ruhr, Tel.: 02 08 / 45 00 50: 107 (2).

Marburger Tapetenfabrik, 3575 Kirchhain: 17 (1), 20 (3), 52 (2).

Sakret Trockenbaustoffe GmbH & Co. KG, Friedrich-List-Straße 1, 6300 Gießen, Tel.: 06 41 / 6 10 06: 107 (1).

Uhu Vertrieb GmbH., Herrmannstraße 14, Postfach 14 40, 7580 Bühl (Baden): 15 (1), 41 (2), 42 (2).

Kurt Vogelsang GmbH., Postfach 11 40, 6954 Hassmersheim, Tel.: 0 62 66 / 7 50: 95 (2), 96 (2), 98(3).

Wild, Patrik, Photograph: 10 (2), 13 (1), 34 (1), 35 (1), 72 (2), 73 (1), 108 (2), 109 (1).